한국 사람들이 평생 써먹는

인생
영문법

한국 사람들이 평생 써먹는
인생 영문법

초판 1쇄 인쇄 2024년 7월 15일
초판 1쇄 발행 2024년 7월 24일

지은이	박신규
표지 삽화	T. John Kim
발행인	임충배
홍보/마케팅	양경자
편집	김인숙, 왕혜영
디자인	정은진
펴낸곳	도서출판 삼육오(PUB.365)
제작	(주)피앤엠123

출판신고 2014년 4월 3일
등록번호 제406-2014-000035호

경기도 파주시 산남로 183-25
TEL 031-946-3196 / FAX 031-946-3171
홈페이지 www.pub365.co.kr

ISBN 979-11-92431-72-7 13740
ⓒ 2024 박신규 & PUB.365

한국 사람들이 평생 써먹는

인생 영문법

to + verb

subject - verb..

adj. ~ing..

I am ..

저자 박신규

PUB

현장에서 다양한 분들에게 영어회화를 강의하고 있는 영어강사입니다. 강의한지도 벌써 30년이 되었네요. 강사초년에는 토익강사로 시작해서 08년부터는 영어회화를 집중적으로 강의하게 되었습니다. 그동안 토익, 토플, 텝스처럼 시험 영어를 강의했지만 어느 순간부터는 초등영어, 중등영어, 고등영어, 수능영어까지 강의할 기회가 생겼습니다. 이와 중에 영문법, 중고 영어듣기, 수능듣기까지 다양한 분야를 두루 섭렵하게 되었죠. 대기업에서는 토익 스피킹, ESPT처럼 영어 말하기 시험을 강의하면서 주민자치센터나 여성회관 그리고 노인복지관 같은 곳에서 20대부터 90대까지 남녀노소 불문하고 기초영어회화부터 중/고급영어회화, 팝송영어, 여행영어까지 안 가르친 과목이 없습니다. 그 모든 강의 내용들이 바로 저에게는 소중한 자료가 되었습니다.

그런데 요즘 영어회화를 강의하면서 늘 똑같은 질문을 받고 있습니다. 그건 바로 '영어회화를 배우는데 영문법이 정말 중요한가요?', '영문법을 잘 몰라도 영어로 말은 통하는데요.', '영문법에 나오는 수많은 한자 영어 때문에 머리 아프고 영어공부가 재미없어요.'등입니다. 네, 그 심정 충분히 이해합니다. 영문법 강사가 될 것도 아닌데 수많은 한자 영어를 익힐 수도 없는 노릇이죠.

저는 **'한국 사람들이 평생 써먹는 인생 영문법'** 책을 집필하려고 할 때 어떻게 글을 쓸까 고민 많이 했습니다. 우리말은 앞 뒤 순서가 조금 바뀐다고 해서 의미가 확 달라지지는 않습니다. 하지만 영어는 '규칙 영어'로 봐야 합니다. 단어와 단어가 나열되는 순서가 정해져 있습니다. 이 규칙이 무너지면 의미가 제대로 전달되지 못할뿐더러 영어회화를 익히는데 엄청 시간이 많이 걸리거나 정체를 겪게 됩니다. 현장에서 강의하다 보니 이런 광경을 너무 많이 보고 있습니다. 영문법 학습 보다는 단어를 제대로 연결해서 좀 더 긴 문장을 만들 수 있는 영어 어순을 배운다고 생각하면 됩니다.

영어회화에서 영어문장이나 영어패턴 암기는 어느 정도 영어말하기에 도움이 됩니다. 그런데 여기에 문제가 있습니다. 그 수많은 패턴과 문장을 암기했지만 시간이 지나면 나도 모르게 잊어버리게 됩니다. 기억나는 게 많지 않게 되죠. 그렇다고 또 반복해서 암기하자니 힘도 들고

귀찮기도 하고, 자꾸 까먹게 되고…, 이런 저런 핑계를 대면서 결국 회피하게 되는 겁니다. 영어의 특징이 원래 이런 것입니다.

어느 정도 성년이 된 후 영어회화를 배울 때 저는 기초적인 영문법 학습을 꼭 병행해야 한다고 말하고 싶습니다. 처음에는 짧은 영어문법, 다시 말해서 영어어순을 익히면서 그 어순을 활용해서 문장을 만들어 봅니다. 아주 짧은 문장이라도 괜찮습니다. 이런 식으로 계속 반복해서 하다보면 어느 순간에 내 입이 그 어순을 익히게 되는 겁니다.

저도 영어회화를 처음 배울 때 수많은 문장을 암기하고 수많은 영어패턴을 암기하면서 익혀 봤지만, 막상 영어회화 수업 시간에 네이티브 선생님들과 영어로 얘기하려고 하면 하나도 기억이 안 나 난감한 적이 한두 번 아니었습니다. 창피하기도 했고 자신감이 사라지기도 했죠.

결론은 이렇습니다. 각 장마다 간단한 영문법 설명과 함께 짧은 예문들이 있습니다. 우선 이 예문을 통해서 각각 영어 예문에 적용한 어법을 익혀보시고 난 뒤 남녀의 긴 영어대화를 통해서 실제 각각의 영어 어법이 어떻게 적용되고 있는지 꼼꼼하게 살펴보면 됩니다. 영문법 학습은 영어말하기를 좀 더 수월하게 하기 위함이며 좀 더 긴 문장을 어려움이 없이 만들기 위함입니다.

누군가가 **영문법 학습이 영어회화에 꼭 필요하냐고 제게 묻는다면** 저는 무조건 **'당연하죠.'**하고 대답할 겁니다. 수십 년을 현장에서 영어를 강의하고 있는 영어강사로서 자신 있게 말할 수 있기 때문입니다.

아무쪼록 영어회화 학습에 있어 '한국 사람들이 평생 써먹는 인생 영문법'이 영어말하기에 조금이나마 도움이 되었으면 합니다. 영어강사로서 바람이기도 합니다.

영원한 영어강사
저자 박신규

목차

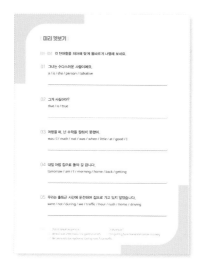

01 미리 엿보기

한국어와 다른 어순 때문에 영어가 부담스러웠다면???
〈인생 영문법〉과 함께 영어식 어순에 완벽하게 적응해
보세요. 막막하던 영어문장 만들기가 생각보다 재미있
다고 느껴질 거예요.

02 문법 다지기

문장 만들기의 기본인 Be동사부터 다양한 시제와 형용사,
부사, 전치사 등 모든 문법이 이 안에 있습니다. 영어 표현
을 위한 기본 문법 다지기를 이 한 권으로 시작해 보세요.

* QR코드로 접속하여 **문법 다지기**와 **대화 다지기**에서 만났던 문장들을 직접 들어볼 수 있습니다.

🎧 03 대화 다지기

가장 궁금한 것은 네이티브의 실제 대화! 대화 속에
숨어 있는 오늘의 문법을 눈으로 먼저 체크해 보세요.
여기에 각 대화의 주요 포인트를 간략하게 설명해 주는
(English Grammar)도 놓치지 마세요.

04 Check-Up

비슷해 보이는 옵션 문장들 속에 진짜 정답은 단 하나!
퀴즈 속의 여러 함정들을 피하면서 헷갈릴 수 있는 문법
요소들을 비교해 보세요. 자신의 실력을 다시 한번 확인
할 수 있습니다.

05 나만의 복습하기

추가 자료를 활용해서 인생 문장을 자유롭게 만들어
보세요. 원어민의 음성을 듣고 따라 말하는 연습도
놓치지 마세요.

추가 자료 다운로드 : www.pub365.co.kr 홈페이지 접속
→ 도서검색 → 인생 영문법 → 다운로드

UNIT 01

[Be 동사]

[01-05] 각 단어들을 의미에 맞게 올바르게 나열해 보세요.

01 그녀는 수다스러운 사람이에요.
a / is / she / person / talkative

_____.

02 그게 사실이야?
that / is / true

_____.

03 어렸을 때, 난 수학을 잘하지 못했어.
was / I / math / not / was / when / little / at / good / I

_____.

04 내일 아침 집으로 돌아 갈 겁니다.
tomorrow / am / I / morning / home / back / getting

_____.

05 우리는 출퇴근 시간에 운전하며 집으로 가고 있지 않았습니다.
were / not / during / we / traffic / hour / rush / home / driving

_____.

Be 동사

영어에서 be동사는 '~이다', '~한 상태다' 그리고 '~에 있다'처럼 해석됩니다. 앞에 나오는 주어에 따라 be동사의 모양도 바뀌는데요, be동사에는 am, is, are, was, were등이 있고 주어와 be동사는 수의 일치가 되어야 해요.

> 📖 문법 다지기

▌am / are / is

자신의 존재(~이다) / 자신의 상태(~한 상태이다)

- **I'm**(=I am) a tourist from South Korea.
  저는 / 여행객이에요 / 한국에 온
- **He's**(=He is) so burned out.
  그는 / 상태예요 / 너무 지친

▌am not / aren't(=are not) / isn't(=is not)

자신의 존재(~이 아니다) / 자신의 상태(~한 상태가 아니다)

- **I'm**(=I am) **not** an outgoing person.
  난 / 아니야 / 사교적인 사람이
- **She's**(=She is) **not** ready.
  그녀는 / 안됐어요 / 준비가

▌Am (I)...? / Are (you/we/they)...? / Is (it/he/she)...?

자신의 존재(~이에요?) / 자신의 상태(~한 상태예요?)

- **Is** he a good guy?
  그는 / 좋은 사람인가요?
- **Are** you nervous?
  너 / 긴장되니?

What time is[5] it now?
지금 몇 시야?

It's[4] 1:20.
1시 20분이야.

Oh, I think we need to hurry. Are[5] you ready to go?
오, 우리 서둘러야 할 것 같아. 갈 준비 됐어?

Of course, I'm[4] ready. Where are[5] we heading?
물론, 준비됐지. 어디로 갈 건데?

We're[4] going to the amusement park.
I promised to take my nephew there.
우리 놀이공원에 갈 거야. 거기에 조카를 데려가기로 약속했거든.

That sounds like fun. Is[5] it far from here?
재밌겠다. 여기서 멀어?

No, it's not[3] that far. It's[4] only a 10-minute drive.
아니, 그렇게 멀지 않아. 차로 10분 밖에 안 걸려.

(English Grammar)

1. 자신의 존재(~이다)나 상태를 언급할 때 be동사를 사용하는데요, 여기에는 am, are, is가 있어요.
2. 주어가 I일 때는 be동사 am, 2인칭이나 복수일 때는 are, 3인칭 일 때는 be동사 is를 써야 해요.
3. Be동사로 부정문을 만들 때는 부사 not을 be동사 다음에 넣어 말하면 됩니다.
4. 영어에서 I am을 I'm, You(We) are를 You're(We're), He(She / It) is를 He's(She's / It's)처럼 줄여서 말해요.
5. Be동사로 의문문을 만들 때는 be동사를 주어 앞으로 옮기면 돼요.

was / **were**

자신의 존재(~이었다) / 자신의 상태(~한 상태였다)

- When I **was** little, I **was** a quiet person.
  내가 / 어렸을 때 / 난 / 조용한 사람이었어
- She **was** tired after a long day at work.
  그녀는 / 피곤했다 / 긴 하루를 보낸 후 / 직장에서

wasn't(=was not) / **weren't**(=were not)

자신의 존재(~이 아니었다) / 자신의 상태(~한 상태가 아니었다)

- He **was not** my favorite actor.
  그는 / 아니었어요 / 내가 가장 좋아하는 배우가
- It **wasn't** that expensive.
  그것은 / 않았다 / 그렇게 비싸지는

Was (I)...? / **Were** (you/we/they)...? / **Was** (it/he/she)...?

자신의 존재(~이었어요?) / 자신의 상태(~한 상태였어요?)

- **Was** I a helpful friend when you needed me?
  내가 / 도움이 되는 친구였어? / 네가 / 필요했을 때 / 날
- **Was** she surprised by the outcome of the game?
  그녀가 / 놀랐었니? / 결과에 / 그 경기

Hey, Juliet! Where **were**[4] you this morning?
Were[4] you at the gym?
이봐, 줄리엣! 오늘 아침에 어디 있었어? 헬스장에 있었던 거야?

No, I **wasn't**[2]. I **was**[5] taking a walk in the park in my
neighborhood because the weather **was**[5] so nice.
아니. 날씨가 너무 좋았기에 동네에 있는 공원에서 산책하고 있었어.

Oh, yeah? **Was**[4] it noisy in the park?
오, 그래? 공원은 시끄러웠어?

No, it **wasn't**[2]. It **was**[5] peaceful and quiet. There **were**[5]
only a few people who **were**[5] running around the park.
아니, 안 시끄러웠어. 평화롭고 조용했어.
공원 주변을 뛰어다니고 있던 사람들이 몇 명밖에 없었거든.

That's good to know. I **was**[5] at the gym this morning,
and it **was**[5] so crowded that I could hardly work out there.
그렇다면 다행이네. 오늘 아침 헬스장에 있었는데, 사람들로 붐벼서 그곳에서 거의 운동할 수가 없었어.

I'm sorry to hear that. I hate when it's like that.
그거 안됐다. 나는 그럴 때가 정말 싫더라.

(English Grammar)

1. Be동사 was 또는 were로 과거 자신의 존재나 상태를 표현할 수 있어요.
2. Be동사 was의 부정은 was not(=wasn't)이고 were의 부정은 were not(=weren't)입니다.
3. Be동사 다음에는 보어 역할로 명사나 형용사 그리고 분사가 나와요.
4. Be동사 was나 were를 가지고 의문문을 만들 때는 주어 앞으로 도치시키면 됩니다.
5. Be동사는 주어에 따라 바뀌는데요, 주어가 1인칭이나 3인칭이면 was이고 2인칭이나 복수면 were가 되죠.

▌ am -ing / are -ing / is -ing

현재 진행(~하고 있는 중이다) / 가까운 미래(~할 것이다)

- I'm listening to music on my smartphone.
  나는 / 듣고 있는 중이야 / 음악을 / 내 스마트폰으로
- We're going to New York tonight.
  우리는 / 갈 거예요 / 뉴욕으로 / 오늘밤에

▌ am not -ing / aren't(=are not) -ing / isn't(=is not) -ing

현재 진행(~하고 있는 중이 아니다) / 가까운 미래(~안 할 것이다)

- I am not watching TV right now.
  난 / 시청하고 있지 않아 / TV를 / 지금은
- He's not coming back tomorrow.
  그는 / 돌아오지 않을 거예요 / 내일

▌ was -ing / were -ing

과거 진행(~하고 있던 중이었다)

- I was waiting for you this morning.
  나는 / 기다리고 있었어 / 널 / 오늘 아침에
- We were driving on the highway.
  우리는 / 운전하고 있었어요 / 고속도로에서

▌ wasn't(=was not) -ing / weren't(=were not) -ing

과거 진행(~하고 있던 중이 아니었다)

- I wasn't expecting the phone call from you.
  나는 / 기다리고 있던 중이 아니었어 / 전화를 / 너로부터
- They weren't paying attention to their diet.
  그들은 / 기울이고 있지 않았습니다 / 주의를 / 그들의 식습관에

What **are** you **doing**[1][2] today? **Are** you **going**[1][2] out?
오늘 뭐 할 건데? 외출 할 거야?

No, I'm **not going**[5] out. I'm **watching**[1][2]
a movie with my family at home. And you?
아니. 외출 안 할 거야. 집에서 가족이랑 영화 보려고 해. 넌?

I **was planning**[3][4] to go on a family picnic,
but it looks like it might snow later in the afternoon.
가족 피크닉을 가려고 계획 중이었는데, 오후 늦게 눈이 올 것 같아.

Oh no, that's too bad.
Were you really **looking**[3][4] forward to it?
오, 안됐네. 정말 학수고대하고 있었던 거였어?

You bet, I was. But I guess I'll have to cancel it.
당연하지. 하지만 취소해야 할 것 같아.

I see. Anyway, if you want, you can come over to
my place and watch a movie with us. What do you say?
그렇군. 아무튼, 원하면, 우리 집에 와서 함께 영화 봐도 돼. 어때?

I wish I could, but I can't. I think I would rather stay home.
그러고 싶지만, 못하겠어. 차라리 집에 있는 게 나을 것 같아.

(English Grammar)

1. 현재진행형은 am/are/is -ing의 구조예요.
2. 현재진행형은 원래 '~하고 있는 중이다'의 뜻이지만 '~할 것이다'처럼 가까운 미래의 의미로도 쓰입니다.
3. 과거진행형을 was/were -ing처럼 표현해요.
4. 과거진행형은 '~하고 있던 중이었다'로 was/were -ing처럼 말하며 be동사는 주어와 수의 일치를 해야 해요.
5. 현재진행형이나 과거진행형을 부정문으로 만들 때는 부사 not을 be동사 다음에 쓰면 됩니다.

(Check-Up)

01 저는 한국에서 온 여행객이에요.

    (a) I are a tourist from South Korea.

    (b) I am a tourist from South Korea.

    (c) I is a tourist from South Korea.

02 난 사교적인 편이 아니야.

    (a) I don't an outgoing person.

    (b) I wasn't an outgoing person.

    (c) I'm not an outgoing person.

03 긴장돼?

    (a) Is you nervous?

    (b) Do you nervous?

    (c) Are you nervous?

04 그는 내가 가장 좋아하는 배우가 아니었어요.

    (a) He was not my favorite actor.

    (b) He is not my favorite actor.

    (c) He were not my favorite actor.

05 그건 그렇게 비싸지 않았어.

    (a) It wasn't that expensive.

    (b) It weren't that expensive.

    (c) It isn't that expensive.

06 그녀가 그 경기 결과에 놀랐던 거야?

(a) Is she surprised by the outcome of the game?

(b) Were she surprised by the outcome of the game?

(c) Was she surprised by the outcome of the game?

07 스마트폰으로 음악 듣고 있는 중이야.

(a) I was listening to music on my smartphone.

(b) I'm listening to music on my smartphone.

(c) I will be listening to music on my smartphone.

08 그는 내일 돌아오지 않을 거예요.

(a) He's not coming back tomorrow.

(b) He am not coming back tomorrow.

(c) He're not coming back tomorrow.

09 우리는 고속도로에서 운전하고 있었어요.

(a) We were driving on the highway.

(b) We was driving on the highway.

(c) We are driving on the highway.

10 그들은 자신들의 식습관에 신경을 쓰지 않고 있었어요.

(a) They wasn't paying attention to their diet.

(b) They weren't paying attention to their diet.

(c) They aren't paying attention to their diet.

정답 01 (b) 02 (c) 03 (c) 04 (a) 05 (a) 06 (c) 07 (b) 08 (a) 09 (a) 10 (b)

UNIT *02*

[Do 동사]

(미리 엿보기)

[01-05] 각 단어들을 의미에 맞게 올바르게 나열해 보세요.

01 혹시 어디서 뵈었던가요?

somewhere / I / know / do / you / from

_____.

02 어제 눈 많이 왔어요?

snow / did / a / yesterday / it / lot

_____.

03 난 운전 못해.

drive / I / don't

_____.

04 그녀는 그 문제를 어떻게 해결하는지 몰랐어.

she / problem / the / didn't / how / solve / to / know

_____.

05 우리가 지난밤에 봤던 그 영화가 넌 마음에 안 들었던 거야?

you / watched / night / the / like / didn't / last / movie / we

_____.

Do 동사

영어에서 do를 조동사로 사용할 수 있습니다. 보통 일반 동사(동작 동사, 상태 동사)를 부정문이나 의문문으로 만들 때 조동사로 쓰이는 do, does, did 가 필요하죠.

📖 문법 다지기

▌ Do (I/you/we/they)...? / Does (it/he/she)...?

동작(~해요?) / 상태(~이에요?)

- **Do** you watch movies every day?
  당신은 / 영화 봐요? / 매일

- **Does** he have any siblings?
  그는 / 있나요? / 혹시 형제자매가

▌ Did (I/you/we/they)...? / Did (it/he/she)...?

동작(~했어요?) / 상태(~이었어요?)

- **Did** you enjoy your trip?
  당신은 / 즐기셨나요? / 당신 여행을

- **Did** it rain last night?
  비 왔어요? / 지난밤에

Excuse me, sir. I'm sorry to bother you,
but could I ask you something?
실례합니다. 귀찮게 해서 죄송한데요, 뭐 좀 여쭤 봐도 될까요?

Of course. What can I do for you?
물론이죠. 뭘 도와 드릴까요?

Do[2][5] you know what time the next bus to New York leaves?
뉴욕행 다음 버스가 몇 시에 떠나는지 아시나요?

Well, let me see. It departs at 3 p.m.
Do[2][5] you need to catch the bus?
글쎄요, 어디 봅시다. 오후 3시에 출발합니다. 그 버스를 타야해요?

Yes. Anyway, does[3][5] the bus leave from here?
네. 그런 그렇고, 버스는 여기서 떠나나요?

I have no idea. Did[4][5] you check the bus
timetable on the screen over there?
모르겠어요. 저쪽에 있는 스크린에서 버스 시간표를 확인했어요?

I forgot to do that.
깜박하고 확인 못했어요.

(English Grammar)

[1] 일반 동사를 의문문으로 만들 때는 조동사 역할을 하는 do, does 또는 did가 필요해요.
[2] 주어가 1인칭, 2인칭 또는 복수일 때는 do를 써서 Do I...?, Do you...? 그리고 Do we(they)...?처럼 표현해요.
[3] 주어가 3인칭일 때는 does를 사용해서 Does it...?, Does he...? 또는 Does she...?처럼 말해요.
[4] 주어 인칭에 상관없이 과거시제 문장이라면 Did (I/you/we/they)...? 또는 Did (it/he/she)...?로 표현합니다.
[5] 조동사 역할로 쓰이는 do, does, did가 의문문 구조에서는 'Do/Does/Did+주어+본동사?'의 구조를 가져요.

▌ **don't**(=do not) / **doesn't**(=does not)

동작(~ 안 해요) / 상태(~ 아니에요)

- I **don't** exercise at all.
  난 / 안 해 / 운동 / 전혀
- He **doesn't** look sad anymore.
  그는 / 보이지 않아요 / 슬퍼 / 더 이상

▌ **didn't**(=did not)

동작(~ 안 했어요) / 상태(~ 아니었어요)

- I **didn't** make any mistakes.
  난 / 안 했어 / 어떤 실수도
- We **did not** have enough time.
  우리는 / 없었어요 / 충분한 시간이

▌ **Don't** (I/you/we/they)...? / **Doesn't** (it/he/she)...?

동작(~ 안 해요?) / 상태(~ 아니에요?)

- **Don't** you brush your teeth before going to bed?
  너 / 안 해? / 양치질 / 취침하기 전에
- **Doesn't** it look beautiful outside today?
  보이지 않나요? / 아름다워 / 밖이 / 오늘

▌ **Didn't** (I/you/we/they)...? / **Didn't** (it/he/she)...?

동작(~ 안 했어요?) / 상태(~ 아니었어요?)

- **Didn't** I tell you about it?
  내가 / 말하지 않았던가? / 너에게 / 그것에 대해
- **Didn't** she look disappointed?
  그녀는 / 보이지 않았었나요? / 실망스러워

Doesn't[5] your little brother work in Seattle?
남동생이 시애틀에서 일하지 않니?

No, he doesn't[3]. But he used to live there.
Why do you ask?
아니, 일 안해. 하지만 걔는 그곳에 살곤 했어. 왜 묻는 거야?

I was planning on going on a trip there this month.
Don't[5] you think that would be exciting?
이번 달에 거기 여행 갈까 계획 중이었거든. 재미있을 것 같지 않니?

Exactly. It has a lot of tourist attractions.
By the way, didn't[5] you travel abroad last month?
당연하지. 거긴 관광 명소들이 많아.
그런데 말이야. 너 지난달에 해외여행 가지 않았어?

Of course, I did. But I have been looking
forward to traveling to Seattle for a long time.
물론, 갔지. 하지만 오랫동안 시애틀 여행을 학수고대하고 있었거든.

I see. Well, if you go there,
I'm sure you'll be able to enjoy yourself a lot.
그렇구나. 만약 네가 그곳에 간다면, 분명히 마음껏 즐길 수 있을 거야.

(English Grammar)

1. 조동사 역할을 하는 do, does 그리고 did를 활용해서 부정문을 만들 수가 있어요.
2. 부정문에서 주어가 1인칭, 2인칭 또는 복수일 때는 don't이 필요합니다.
3. 부정문에서 주어가 3인칭일 때는 doesn't가 필요합니다.
4. 주어 인칭에 상관없이 부정문이 과거일 때는 didn't로 표현할 수 있어요.
5. 부정의문문은 Don't (I/you/we/they)...?, Doesn't (it/he/she)...?, Didn't (I/you/we/they/it/he/she)...? 구조예요.

(Check-Up)

01 매일 영화 봐요?

    (a) Do you watch movies every day?

    (b) Does you watch movies every day?

    (c) Did you watch movies every day?

02 그는 혹시 형제자매가 있어요?

    (a) Do he have any siblings?

    (b) Is he have any siblings?

    (c) Does he have any siblings?

03 여행은 즐거웠나요?

    (a) Did you enjoy your trip?

    (b) Do you enjoy your trip?

    (c) Were you enjoy your trip?

04 지난밤에 비 왔어요?

    (a) Do it rain last night?

    (b) Did it rain last night?

    (c) Does it rain last night?

05 난 전혀 운동 안 해.

    (a) I didn't exercise at all.

    (b) I don't exercise at all.

    (c) I doesn't exercise at all.

06 우린 충분한 시간이 없었어요.

(a) We did not have enough time.

(b) We do not have enough time.

(c) We does not have enough time.

07 넌 취침하기 전에 양치질 안 해?

(a) Doesn't you brush your teeth before going to bed?

(b) Don't you brush your teeth before going to bed?

(c) Aren't you brush your teeth before going to bed?

08 오늘 밖이 아름다워 보이지 않나요?

(a) Don't it look beautiful outside today?

(b) Didn't it look beautiful outside today?

(c) Doesn't it look beautiful outside today?

09 내가 너한테 그것에 대해 말하지 않았던가?

(a) Doesn't I tell you about it?

(b) Didn't I tell you about it?

(c) Wasn't I tell you about it?

10 그녀가 실망스러워 보이지 않았던가요?

(a) Didn't she look disappointed?

(b) Don't she look disappointed?

(c) Doesn't she look disappointed?

UNIT 03

[조동사]

[01-05] 각 단어들을 의미에 맞게 올바르게 나열해 보세요.

01 네가 원하는 한 여기에 머물러도 돼.

can / you / as / want / you / long / here / stay / as

_____.

02 커피 좀 드시겠어요?

coffee / you / some / would / like

_____.

03 전화번호를 여쭤 봐도 될까요?

phone / ask / number / your / I / may

_____.

04 전 여행을 많이 하곤 했어요.

lot / a / I / travel / to / used

_____.

05 당신이 항상 완벽할 필요는 없어요.

time / you / prefect / the / be / don't / all / to / have

_____.

조동사

조동사를 한자로는 助動詞입니다. 여기서 助는 '도울 조'를 뜻하며 본동사를 도와 좀 더 의미를 다양화 시킬 수 있는 역할을 하는 게 조동사입니다. 구조 상 조동사 다음에는 동사 원형이 나와야 해요.

> 📖 **문법 다지기**

▌ **can** / **can't**(=cannot)

능력(~할 수 있다) / 허락(~해도 된다)

- I **can** keep my word.
  난 / 지킬 수 있어 / 내 약속을
- You **can** grab a seat if you want.
  당신은 / 앉아도 돼요 / 당신이 / 원하시면

가능성(~일 수 있다) / 불가능(~할 수 없다)

- It **can** be true.
  그것이 / 사실 일 수도 있어요
- I **can't** concentrate on what I'm saying.
  난 / 집중할 수 없어 / 내가 하는 말에

▌ **could** / **couldn't**(=could not)

공손하게 표현(~해도 될까요?) / 문장 속에서 과거형 동사와 짝을 지어 쓰임

- **Could** I go out to get some fresh air?
  제가 / 나가도 될까요? / 바람 좀 쐬기 위해
- I thought I **could** make it to the airport on time.
  나는 / 알았어 / 내가 / 도착할 줄 / 공항에 / 제때에

Hi, Sam. Can[1] you help me with something?
안녕하세요, 쌤. 좀 도와줄 수 있어요?

Sure thing. What can[1] I do for you?
물론이죠. 뭘 도와 드릴까요?

I try to carry this heavy table,
but I can't[4] do it by myself.
Could[5] you give me a hand for a moment?
이 무거운 테이블을 나르려고 하는데, 혼자서는 못하겠어요.
잠깐만 절 좀 도와주시겠어요?

Of course! I can[1] help you with that.
How about moving it over to the sofa?
당연하죠! 도와드릴 수 있어요. 그거 소파로 옮기는 게 어떨까요?

Good. Thank you.
I couldn't[4][5] have done it without your help.
좋아요. 고마워요. 당신 도움이 없었다면 못했을지도 몰라요.

It's no big deal.
별것도 아닌데요.

(English Grammar)

[1] 조동사 can의 가장 기본적인 뜻은 '~할 수 있다'이며 능력을 나타낼 때 사용합니다.
[2] 조동사 can에는 허락의 의미로 '~해도 돼요'의 뜻이 담겨 있어요.
[3] 조동사 can이 가능성을 나타낼 때는 '~일 수 있다'의 의미예요.
[4] 조동사 can의 부정은 cannot이나 can't처럼 표현하며, could의 부정은 could not이나 couldn't로 말해요.
[5] 조동사 could를 공손하게 뭔가를 부탁할 때 사용하며 가정법 문장에서도 조동사 could가 필요해요.

▌ will / won't(=will not)

자신의 의지(~할 것이다) / 추측(~일 것이다) / 경향(보통 ~하다)

- I'**ll** think about it.
  내가 / 곰곰이 생각해 볼게 / 그것에 대해
- We **won't** make it.
  우리는 / 해내지 못할 거예요

▌ would / wouldn't(=would not)

문장 속에서 과거형 동사와 짝을 지어 쓰임

- I thought I **would** pass the job interview with ease.
  저는 / 알았어요 / 제가 / 통과할 줄 / 그 면접을 / 쉽게
- If I were you, I **wouldn't** do that.
  내가 / 너라면 / 나는 / 안 할 거야 / 그런 일은

불규칙한 과거 습관(~하곤 했었다)

- My son **would** always sleep in, even on weekdays.
  내 아들은 / 늘 / 늦잠자곤 했어요 / 심지어 평일에도
- I **would** go out drinking with some friends on Saturdays.
  나는 / 나가곤 했어 / 술 마시려고 / 몇몇 친구들과 / 토요일마다

▌ would like / would like(love) to / would rather

공손하게 표현(~하고 싶습니다) / 권유(~하시겠어요?) / 차라리 ~하겠다(~하고 싶다)

- **Would** you **like** some beer?
  마시겠습니까? / 맥주 좀
- I **would rather** stay home tonight.
  저는 / 머물겠어요 / 집에 / 오늘밤은

Would you like to[5] join me for a movie tonight?
오늘 밤 저랑 영화 보러 가시겠어요?

I would love to[5].
좋죠.

Great! Anyway,
what kind of movies would you like to[5] see?
잘됐네요! 그나저나, 어떤 종류의 영화를 보고 싶으세요?

How about the new romantic movies?
새로운 로맨틱 영화가 어떨까요?

That sounds good.
Would you like to[5] meet me at the theater at 7 p.m.?
그거 좋아요. 오후 7시에 극장에서 절 만나시겠어요?

Oops! I forgot something important.
I won't[2] be able to make it at all. I promised my co-worker
I would[3] help her with her new assignment. I'm so sorry.
이런! 중요한 걸 깜빡했네요. 도무지 못 갈 것 같아요.
제 직장동료에게 새로운 과제를 도와주겠다고 약속 했거든요. 정말 미안해요.

(English Grammar)

1. 자신의 의지를 언급할 때 조동사 will(~할 것이다)을 사용해요.
2. 조동사 will의 부정은 will not이며 줄여서 won't라고 해요.
3. 조동사 would는 보통 문장 속에서 과거형 동사와 짝을 지어서 사용됩니다.
4. 과거의 불규칙한 습관(~하곤 했었어)을 말할 때 조동사 would로 표현해요.
5. 때론 공손하게 말해야 할 때가 있어요. 이럴 때 필요한 조동사가 will이 아닌 would예요.

█ may / may not

may(~할지도 모른다) / may not(~ 못 할지도 모른다) : 불확실한 추측

- The weather **may** be good this weekend.
  날씨가 / 좋을지도 몰라요 / 이번 주말에
- I **may not** go to your party tonight.
  내가 / 못 갈지도 몰라 / 네 파티에 / 오늘밤

허락 may(~해도 될까요?, ~해도 돼요)

- **May** I have your name?
  제가 / 여쭤 봐도 될까요? / 당신 성함을
- You **may** use this computer.
  너 / 사용해도 돼 / 이 컴퓨터를

█ might / might not

might(~할지도 모른다) / might not(~ 못 할지도 모른다) : 과거형 동사와 함께 사용

- I told him that I **might** be a little late.
  나는 / 말했어 / 그에게 / 내가 / 좀 늦을지도 모른다고
- He was afraid that he **might not** get there on time.
  그는 / 불안해했어요 / 그가 / 도착 못 할지도 모른다고 / 그곳에 / 정시에

현재, 미래에 대한 불확실한 추측(~할지도 모른다)

- I **might** have other plans on that day.
  나는 / 있을지도 몰라 / 선약이 / 그날
- The movie **might** be interesting.
  그 영화가 / 재미있을지도 몰라요

Sam, would you care to come to Tony's
birthday party with me after work?
쌤, 퇴근 후에 저랑 토니 생일 파티에 같이 가시겠어요?

Well, I'm not sure. I might[5] have another plan.
글쎄요, 잘 모르겠어요. 다른 계획이 있을지도 몰라서요.

Oh no, that's too bad.
Do you think you might[5] be able to come later?
오, 유감이네요. 혹시 나중에 오실 수 있을 것 같나요?

I don't know for sure. I might not[2] be able to do that.
확실히 잘 모르겠어요. 그렇게는 못 할 수도 있어요.

All right. If you can come, just let me know. We might[5]
go out and have dinner together before his birthday party.
알았어요. 혹시 오실 수 있으면, 그냥 말씀해 주세요. 그의 생일 파티 전에 나가서
저녁이라도 함께 먹을지 몰라서요.

Sounds good. I might[5] be able to stay for dinner,
but I might not[2] be able to make it to his birthday party.
좋아요. 확실하지는 않지만 저녁 식사는 할 수 있을 것 같아요,
하지만 그의 생일 파티에는 참석 못 할 수도 있습니다.

(English Grammar)

[1] 불확실한 추측의 의미(~할지도 모른다)로 조동사 may를 사용합니다.
[2] 조동사 may의 부정은 may not이며 might의 부정은 might not입니다.
[3] 허락 따위를 구하고자 할 때 조동사 may로 말을 건네면 됩니다. 예로 May I~?(~해도 될까요?)처럼요.
[4] 조동사 might는 보통 문장 속에서 과거형 동사와 짝을 지어서 사용됩니다.
[5] 현재나 미래에 대한 불확실한 추측의 의미로 might을 사용하는데요, 여기서 might은 과거 의미가 아니에요.

▌ shall

권유(~할까요?) / 제안(~할까요?)

- **Shall** we go now?
  우리 / 갈까요? / 지금
- **Shall** I stay here?
  제가 / 머무를까요? / 이곳에

▌ should / shouldn't(=should not)

의무(~해야 해) / 조언(~하는 게 좋겠다) / 충고(~하면 안 돼)

- I **should** quit drinking.
  나 / 끊어야 해 / 술을
- You **shouldn't** be late again.
  너 / 지각하면 안 돼 / 또

권유(~해 보세요)

- You **should** get some rest.
  당신은 / 취하세요 / 휴식 좀
- You **should** try it again.
  너 / 해봐 / 그걸 / 다시

제안(~하는 게 좋을까요?)

- **Should** we drink some coffee?
  우리 / 마시는 게 좋을까요? / 커피 좀
- **Shouldn't** we wait a little longer?
  우리 / 기다리는 게 좋지 않을까? / 좀 더

Do you have any plans for this weekend?
이번 주말에 어떤 계획이라도 있어요?

No, not yet. Do you have any good suggestions?
아니요, 아직은 없어요. 좋은 생각이라도 있나요?

What do you say we go hiking together?
우리 함께 하이킹 가는 게 어때요?

Well, I don't like hiking.
Shouldn't[3][5] we do something more relaxing?
글쎄요, 전 하이킹을 안 좋아해요. 좀 더 여유로운 활동을 하는 게 좋지 않을까요?

All right. I think we should[2][4] go to the beach instead.
We can swim or sunbathe.
알았어요. 대신 우리가 해변에 가는 게 좋을 것 같네요.
수영하거나 아니면 일광욕 할 수 있거든요.

That sounds better. Shall[1] we go on Saturday or Sunday?
그게 더 낫겠네요. 토요일에 갈까요, 아니면 일요일에 갈까요?

I think Saturday would be better.
토요일이 더 좋을 것 같아요.

(English Grammar)

[1] 무언가를 상대방에게 권유하거나 제안할 때 조동사 shall이 필요해요.
[2] 조동사 should에는 의무(~해야 해), 충고(~하면 안 돼), 조언(~하는 게 좋겠다)의 뜻이 담겨 있어요.
[3] 조동사 should를 부정문으로 만들 때는 not을 넣어 should not나 shouldn't처럼 표현해요.
[4] 권유 할 때 should로 말하면 그 의미는 '~해 보세요'입니다.
[5] 조동사 should를 Should we~?(~하는 게 좋을까요?), Shouldn't we~?(~하는 게 좋지 않을까요?)처럼 말해요.

▌ must / must not

강제 의무(~해야 한다)

- I **must** lose weight.
  나 / 빼야 돼 / 살
- You **must not** lie to me.
  너 / 거짓말하지 말아야 해 / 나한테

▌ must / must be

강한 추측(~임이 틀림없다)

- He looks healthy. He **must** exercise every day.
  그는 / 건강해 보여요 / 그는 / 운동하는 게 틀림없어요 / 매일
- You **must be** hungry.
  너 / 배고픈 게 틀림없어

▌ used to / had better

과거 규칙적인 습관(~하곤 했다)

- I **used to** live here.
  저는 / 살곤 했어요 / 이곳에
- I **used to** drink a lot.
  난 / 술 마시곤 했어 / 많이

강한 충고(~하는 게 낫다)

- You **had better** listen to me.
  너 / 듣는 게 나을 거야 / 내 말
- You **had better** stop doing that.
  너 / 그만두는 게 좋을 거야 / 그거 하는 거

I've been under a lot of stress lately.
Have you got any good advice for me?
최근에 스트레스를 너무 많이 받았어. 괜찮은 조언이라도 있니?

Well, let me see. You must[1] find ways to relax.
Maybe you could try exercising.
글쎄, 어디 보자. 긴장을 푸는 방법을 찾아야 해. 아마 운동도 해 볼만할 거야.

That sounds like a good idea. When I was in college,
I used to[4] do some exercises almost every day,
but I haven't done it in a long time since I graduated.
좋은 생각처럼 들려. 대학 다녔을 때, 거의 매일 운동을 좀 하곤 했는데, 졸업
후 한동안은 운동 안 했어.

You must[1] start doing it again. It'll help you relieve stress.
넌 운동을 다시 시작해야 돼. 스트레스 해소에 도움이 될 거야.

I couldn't agree more. I must[1] make it a priority.
But sometimes it seems to be a little difficult to find the time.
전적으로 동의해. 그걸 최우선순위로 삼아야겠어.
하지만 가끔은 시간 내기가 좀 어렵기도 해.

Hey, you must not[2] make excuses.
Taking good care of yourself must[1] be a priority.
You had better[5] make some time for yourself every day to exercise.
이봐, 변명을 늘어놓으면 안 되지. 자신을 잘 돌보는 것은 우선순위가 되어야 한단 말이야.
매일 운동할 시간을 좀 내는 게 좋을 거야.

(English Grammar)

1 강압적인 뜻으로 must를 쓰면 '~해야 한다'라는 뜻이에요.
2 조동사 must를 부정문으로 만들 때는 부사 not이 필요해요. 즉 must not처럼 말해요.
3 조동사 must에는 강한 추측(~임이 틀림없다)의 뜻이 담겼어요. 보통 must be+형용사로 표현을 많이 하죠.
4 과거의 규칙적인 습관(~하곤 했다)을 언급할 때 used to인데요, to 다음에는 동사 원형이 나옵니다.
5 강한 충고(~하는 게 낫다)로 had better를 쓰며 따르지 않으면 나쁜 결과가 초래 된다는 뜻이 담겼어요.

| have to / don't have to

당위성(~해야 한다) / 의무

- I **have to** stay healthy.
  나는 / 유지해야 해 / 건강을
- You **have to** wake up early tomorrow.
  당신은 / 일어나야 해요 / 일찍 / 내일

불필요(~할 필요가 없다)

- I **don't have to** worry about my future.
  저는 / 걱정할 필요가 없어요 / 저의 미래에 대해
- We **don't have to** hurry.
  우린 / 서두를 필요가 없어

| has to / doesn't have to

당위성(~해야 한다) / 의무

- She **has to** apologize for her behavior.
  그녀는 / 사과해야 합니다 / 그녀의 행동에 대해
- He **has to** quit smoking.
  그는 / 끊어야 해 / 담배를

불필요(~할 필요가 없다)

- She **doesn't have to** cook every day.
  그녀는 / 요리할 필요가 없어 / 매일
- He **doesn't have to** attend the party.
  그는 / 참석할 필요가 없어요 / 그 파티에

Have you got any plans for this afternoon?
오늘 오후에 무슨 계획 있어?

Not really. I don't have to[4][5] work in the afternoon,
so I was thinking of riding a bike.
별로. 나 오후에 일 안 해도 돼. 그래서 자전거 탈까 생각 중이었어.

Sounds like fun. Actually, I was just going to ask
if you wanted to come over to my place.
But if you have another plan, you don't have to[4][5].
재미있겠다. 사실, 네가 우리 집에 오고 싶었는지 물어보려고 했었어.
하지만 다른 계획이 있으면, 그럴 필요가 없어.

Honestly, that sounds good. I can come over after the ride.
By the way, can I bring Cindy there? I think she has to[3].
실은, 그거 괜찮게 들리는걸. 자전거 탄 후에 갈 수 있어.
그건 그렇고, 신디를 데리고 가도 될까? 그래야 할 것 같아.

Okay, if you want. Anyway, I have to[1][3] go to the
convenience store and get some beverages at first.
알았어. 원한다면야. 아무튼, 나 편의점에 가서 우선 음료를 좀 사야겠어.

I got it. I'll see you later.
알았어. 이따가 봐.

(English Grammar)

[1] 조동사로 쓰이는 have 다음에는 to부정사(to+동사원형)의 구조가 나와요.
[2] 앞으로 할 일(to+동사원형)을 가지고 있다(have)는 것은 당연히 해야 한다는 뜻이므로 당위성이 내포됐어요.
[3] 조동사로 쓰이는 have to는 주어가 3인칭 일 때는 has to처럼 주어와 동사 수의 일치를 해야 합니다.
[4] 어떤 일을 할 필요가 없다고 할 때 don't have to 또는 doesn't have to처럼 표현해요.
[5] 문장에서 have to는 '~해야 한다'지만 don't(doesn't) have to는 '~할 필요가 없다'의 의미예요.

(Check-Up)

01   난 약속을 지킬 수 있어.

    (a) I must keep my word.

    (b) I can keep my word.

    (c) I will keep my word.

02   원하면 앉아도 돼요.

    (a) You shall grab a seat if you want.

    (b) You will grab a seat if you want.

    (c) You can grab a seat if you want.

03   그것에 대해 곰곰이 생각해 볼게.

    (a) I won't think about it.

    (b) I'll think about it.

    (c) I can think about it.

04   맥주 좀 마시겠어요?

    (a) Would you like some beer?

    (b) Should you like some beer?

    (c) Might you like some beer?

05   제가 성함을 여쭤 봐도 될까요?

    (a) May I have your name?

    (b) Won't I have your name?

    (c) Should I have your name?

06 그 영화가 재미있을지도 몰라요.

(a) The movie should be interesting.

(b) The movie must be interesting.

(c) The movie might be interesting.

07 너 배고픈 게 틀림없어.

(a) You must be hungry.

(b) You might be hungry.

(c) You could be hungry.

08 난 술 많이 마시곤 했어.

(a) I need to drink a lot.

(b) I used to drink a lot.

(c) I could drink a lot.

09 너 내 말 듣는 게 나을 거야.

(a) You should better listen to me.

(b) You would better listen to me.

(c) You had better listen to me.

10 우린 서두를 필요가 없어.

(a) We doesn't have to hurry.

(b) We didn't have to hurry.

(c) We don't have to hurry.

정답   01 (b) 02 (c) 03 (b) 04 (a) 05 (a) 06 (c) 07 (a) 08 (b) 09 (c) 10 (c)

UNIT 04

to + verb

subject - verb..

adj. ~ing..

I am..

인생
영문법

[시제]

[01-05] 각 단어들을 의미에 맞게 올바르게 나열해 보세요.

01 보통 커피 한 잔 마시면서 하루를 시작해.

coffee / normally / I / a / my / of / day / with / cup / start

_____.

02 우리는 내일 여행할 거예요.

tomorrow / going / travel / we / to / are

_____.

03 오늘밤 술 한 잔 할 거야.

I / tonight / drink / having / a / am

_____.

04 내가 그에게 전화하기 전에 그는 운동을 끝냈었다.

him / called / he / I / before / workout / finished / had / his

_____.

05 그녀가 도착할 때쯤 우리는 이미 떠났을 거예요.

we / by / she / arrives / already / will / time / left / have / the

_____.

정답   01 I normally start my day with a cup of coffee.   02 We are going to travel tomorrow.
03 I am having a drink tonight.   04 He had finished his workout before I called him.
05 By the time she arrives, we will already have left.

시제

동사의 시제는 문장 흐름상 결정됩니다. 동사 시제는 과거, 현재, 미래, 현재 진행, 과거 진행, 미래 진행 그리고 현재와 과거가 공존하는 완료 시제처럼 다양합니다.

문법 다지기

▌ 현재시제(present tense)

동작(~하다) / 상태(~한 상태다)

- I **exercise** every day.
  나는 / 운동해 / 매일

- She **likes** shopping online.
  그녀는 / 좋아해요 / 쇼핑하는 걸 / 온라인으로

▌ 과거시제(past tense)

동작(~했다) / 상태(~한 상태였다)

- We **took** a walk in the park yesterday.
  우리는 / 산책했어요 / 공원에서 / 어제

- I **had** a dream when I was little.
  저는 / 있었어요 / 꿈이 / 제가 / 어렸을 때

▌ 미래시제(future tense)

단순미래(~할 것이다) / 예측(~일 것이다)

- I **will** go on a trip today.
  난 / 여행갈 거야 / 오늘

- The weather **will** be sunny tomorrow.
  날씨는 / 화장할 거예요 / 내일

Have you heard about the new Italian restaurant
in our neighborhood?
우리 동네에 새로 생긴 이탈리안 레스토랑에 대해 들어본 적 있어?

No, I haven't. Have you ever been there before?
못 들어봤는데. 전에 거기에 가 봤던 거야?

Honestly, I went[3] there yesterday for lunch with some co-workers,
and the food took[3] my breath away.
실은, 몇몇 직장 동료들과 점심을 먹으러 어제 그곳에 갔었는데, 음식이 너무 훌륭했어.

Oh, really? Then I will[4][5] go there this evening
for dinner and see how it is.
오, 정말이야? 그럼 오늘 저녁에 저녁 먹으러 거기 가서 어떤지 확인해 봐야겠군.

Good choice. You won't[4][5] be disappointed.
You have[1] my word.
선택 잘했어. 실망하지 않을 거야. 내 말 믿어.

Thank you for letting me know. I trust[1] your judgement.
알려줘서 고마워. 네 판단을 믿어.

(English Grammar)

1. 동작 동사나 상태 동사는 주어와 수의 일치가 반드시 이루어져야 합니다.
2. 상태 동사에는 지각 동사, 감각 동사가 포함되었고 주어의 움직임을 못 나타내며 진행시제가 불가능해요.
3. 동사 go의 과거형은 went이며 take의 과거형은 took입니다.
4. 조동사 will에는 주어의 의지가 담겨있지만 be going to처럼 확실하게 결정된 것은 아니에요.
5. 단순 미래의 뜻(~할 것이다)으로 조동사 will을 사용하며 예측의 의미(~일 것이다)도 포함되었어요.

▌ 미래시제(am going to / are going to / is going to)

결정한 일(~할 것이다) / 미래 예측(~일 것이다)

- I**'m going to** start exercising regularly.
  나는 / 시작할 거야 / 운동하는 것을 / 규칙적으로
- It **is going to** be a long flight.
  될 겁니다 / 긴 비행이

▌ am not going to / are not(=aren't) going to / is not(=isn't) going to

결정한 일(~하지 않을 것이다) / 미래 예측(~하지 않을 것이다)

- We **aren't going to** cancel our vacation plans.
  우리는 / 취소하지 않을 거예요 / 우리의 휴가 계획을
- It**'s not going to** be a quiet night.
  되진 않을 거야 / 조용한 밤이

▌ 현재진행형(am -ing / are -ing / is -ing)

가까운 미래(~할 것이다)

- I**'m** leav**ing** in a couple of hours.
  난 / 떠날 거예요 / 몇 시간 후에
- They **are** launch**ing** their new product soon.
  그들은 / 출시할 예정입니다 / 그들의 신제품을 / 곧

▌ am not -ing / aren't(=are not) -ing / isn't(=is not) -ing

가까운 미래(~하지 않을 것이다)

- I **am not** drink**ing** tonight.
  나는 / 술 마시지 않을 거야 / 오늘밤
- She **isn't** work**ing** tomorrow.
  그녀는 / 일하지 않을 거예요 / 내일

I'm going to[1][2] go to Busan with my family,
and we're planning to eat a lot of seafood there.
난 가족과 부산에 갈 거고, 우리는 그곳에서 해산물 많이 먹을 생각이야.

I'm jealous of you! Are you driving[4][5] there?
부러워! 거기까지 운전해서 갈 거니?

No, we're not driving[4][5].
We're taking[4][5] a plane. It's much more convenient.
아니, 운전 안 할 거야. 우리는 비행기를 탈거야. 그게 훨씬 더 편해.

Oh, I see. Actually, flying isn't really my cup of tea.
I'm afraid of heights.
오, 그렇구나. 사실, 비행은 정말 내 취향이 아니야. 고소 고포증이 있거든.

I didn't know that. Anyway,
I need to start packing now. We're leaving[4][5] tonight.
그건 몰랐어. 아무튼, 지금 짐을 싸야겠어. 우린 오늘 밤에 떠나.

Okay, have fun! And when you get there,
call me and let me know how it goes.
알았어, 즐거운 시간 보내! 그리고 거기 도착하면, 전화해서
어떻게 되가는지 내게 알려줘.

(English Grammar)

1 미래에 할 일을 이미 과거에 결정해 둔 상태일 때는 be going to+동사원형으로 말합니다.
2 확실하게 결정된 일이나 미래를 예측할 때 be going to+동사원형을 사용합니다.
3 영어에서 be going to+동사원형을 부정문으로 만들 경우에는 부사 not을 be 다음에 넣으면 됩니다.
4 구체적인 계획이나 미래에 할 일을 현재 진행형(be –ing)으로 표현할 수 있어요.
5 영어에서 be –ing 구조를 현재 진행형이라 하며 '현재 진행' 뜻 외에 '가까운 미래'의 의미도 포함되었어요.

현재완료(have p.p. / has p.p.)

경험(~한 적이 있다) / 계속(~해 왔다) / 결과(~해버렸다)

- I **have been** there before.
  나는 / 가 본적이 있어 / 거기 / 전에
- He **has lost** his cell phone.
  그는 / 잃어버렸어요 / 그의 휴대폰을

현재완료진행형(have been -ing / has been -ing)

행동이나 상태 지속(~해 오고 있었다)

- I **have been** liv**ing** here for two years.
  저는 / 살아오고 있었어요 / 이곳에 / 2년 동안
- She **has been** writ**ing** a novel since last year.
  그녀는 / 집필해오고 있었어요 / 소설을 / 작년부터

haven't(=have not) p.p. / hasn't(=has not) p.p.

경험(~한 적이 없다) / 행동이나 상태 지속(~ 안 해 왔다)

- I **have not seen** that movie yet.
  난 / 보지는 못했어 / 그 영화를 / 아직
- He **hasn't slept** well for a week.
  그는 / 잘 자지 못했어요 / 일주일동안

haven't(=have not) been -ing / hasn't(=has not) been -ing

행동이나 상태 지속(~해 오고 있지 않았다)

- I**'ve not been** work**ing** out at the gym lately.
  나는 / 운동을 해 오고 있진 않았어요 / 헬스장에서 / 최근에
- Tony **has not been** tak**ing** care of his health.
  토니는 / 돌보지 않고 있었어요 / 그의 건강을

Good to see you, James!
What **have** you **been**[1][3] up to these days?
만나서 반가워, 제임스! 요즘 어떻게 지내고 있었어?

I've **been**[1] busy with my new project.
I **have been working**[4][5] on it for a month.
새 프로젝트 때문에 바빴어. 한 달 동안 작업해오고 있었거든.

Have you **finished**[3] it already?
벌써 다 끝낸 거야?

I **have not finished**[2] it yet, and I **have been facing**[5]
some challenges that **have slowed**[1] my progress.
아직 끝내진 못했고, 진행을 더디게 했던 몇몇 어려움에 직면해오고 있었어.

Oh, that's too bad. You must be feeling stressed out.
오, 그거 안됐다. 스트레스 많이 받겠네.

Well, I don't know what to do.
음, 어떻게 해야 할지 모르겠어.

(English Grammar)

1. 자신이 경험했던 일이나 과거부터 지금까지 해오고 있던 일을 언급할 때 현재완료를 사용합니다.
2. 현재완료를 부정문으로 만들 때는 not을 have 또는 has 다음에 넣어 표현하면 됩니다.
3. 현재완료 have(has) p.p.를 의문문으로 말할 때는 Have(Has)+주어+p.p.?처럼 어순이 바뀝니다.
4. 현재완료 진행형(have(has) been -ing)은 전치사 for나 전치사와 접속사 역할을 하는 since와 함께 쓰입니다.
5. 어떤 행동이나 상태가 과거부터 지금까지 계속 진행되고 있을 때 have(has) been -ing 구조로 표현해요.

▌ 과거완료(had p.p.)

경험(~해 본적이 있었다) / 완료(~했었다) / 계속(~했던 상태였다)

- I **had eaten** breakfast before leaving for work this morning.
  나는 / 먹었었다 / 아침을 / 출근하기 전에 / 오늘 아침에
- My sister **had lived** in Seattle before moving to New York.
  내 누이는 / 살았었다 / 시애틀에 / 이사 가기 전에 / 뉴욕으로

▌ had not p.p.

경험(~해 본적이 없었다) / 완료(~안 했었다) / 계속(~했던 상태가 아니었다)

- Until last night, I **had not watched** a horror movie before.
  어젯밤까지만 해도 / 저는 / 본 적이 없었어요 / 공포영화를 / 전에
- He **had not found** his passport before he checked in.
  그는 / 찾지 못했었다 / 그의 여권을 / 그가 / 체크인하기도 전에

▌ 미래완료(will have p.p.)

완료(~했을 것이다) / 경험(~을 경험했을 것이다) / 상태(~한 상태가 됐을 것이다)

- I **will have completed** my assignment before the deadline.
  나는 / 끝냈을 것이다 / 내 과제를 / 마감일 전까지
- By the time the movie ends, he **will have seen** it twice.
  그 영화가 끝날 때쯤 / 그는 / 보게 될 것이다 / 그걸 / 두 번이나

Have you completed your monthly report?
월례 보고서는 다 작성했어요?

Yes, I had already finished[1][2] it before you asked.
It's on your desk now.
네, 당신이 부탁하기 전에 이미 다 끝냈어요. 지금 당신 책상 위에 있어요.

Excellent, you did a great job.
I still have to finish mine, so I need to get to work.
훌륭해요. 정말 잘했어요. 저는 아직도 제 것을 끝내야 해요.
그래서 일을 시작해야 합니다.

No rush. The monthly meeting isn't
until tomorrow afternoon.
서두르지 마세요. 월례 회의는 내일 오후에나 있잖아요.

I know, but I'll have finished[4] mine before then.
저도 알아요. 하지만 그 전에 제 것을 끝내 둘 거예요.

Got it. Keep up the good work.
알았어요. 수고하세요.

(English Grammar)

1. 과거를 기준으로 그 과거 이전의 경험이나 지속되었던 상태를 언급할 때 과거완료(had p.p.)시제를 씁니다.
2. 과거완료 시제를 사용할 때는 주어의 인칭에 상관없이 had p.p.로 말합니다.
3. 과거완료를 부정문으로 만들 때는 had p.p. 구조를 had not p.p.처럼 표현해요.
4. 미래 어느 시점까지 동작의 완료, 상태, 경험을 언급할 때 미래완료(will have p.p.)를 사용합니다.
5. 보통 by the time 주어+동사(~할 때쯤)는 미래완료 시제와 함께 자주 사용돼요.

(Check-Up)

01 매일 운동해.

   (a) I exercised every day.

   (b) I exercise every day.

   (c) I will exercise every day.

02 어제 우리는 공원에서 산책했어요.

   (a) We take a walk in the park yesterday.

   (b) We were taking a walk in the park yesterday.

   (c) We took a walk in the park yesterday.

03 저는 어렸을 때 꿈이 있었어요.

   (a) I had a dream when I was little.

   (b) I have a dream when I was little.

   (c) I will have a dream when I was little.

04 난 규칙적으로 운동하는 걸 시작할 거야.

   (a) I was going to start exercising regularly.

   (b) I are going to start exercising regularly.

   (c) I'm going to start exercising regularly.

05 몇 시간 후에 떠날 거예요.

   (a) I was leaving in a couple of hours.

   (b) I'm leaving in a couple of hours.

   (c) I will leaving in a couple of hours.

06 전에 거기 가 본적이 있어.

(a) I will have been there before.

(b) I would have been there before.

(c) I have been there before.

07 그녀는 작년부터 소설을 집필해 오고 있었어요.

(a) She will have been writing a novel since last year.

(b) She has been writing a novel since last year.

(c) She had been writing a novel since last year.

08 내 누이는 뉴욕으로 이사 가기 전에 시애틀에서 살았어요.

(a) My sister had lived in Seattle before moving to New York.

(b) My sister was living in Seattle before moving to New York.

(c) My sister will have lived in Seattle before moving to New York.

09 그는 체크인하기도 전에 그의 여권을 찾지 못했었다.

(a) He had not found his passport before he checked in.

(b) He has not found his passport before he checked in.

(c) He will have not found his passport before he checked in.

10 난 마감일 전까지 내 과제를 끝냈을 거야.

(a) I have completed my assignment before the deadline.

(b) I had completed my assignment before the deadline.

(c) I will have completed my assignment before the deadline.

정답 01 (b) 02 (c) 03 (a) 04 (c) 05 (b) 06 (c) 07 (b) 08 (a) 09 (a) 10 (c)

UNIT 05

인생
영문법

[To부정사]

[01-05] 각 단어들을 의미에 맞게 올바르게 나열해 보세요.

01 아침 일찍 일어나는 것은 그렇게 쉽지 않아요.

that / is / easy / not / morning / to / in / up / get / early / the

_____.

02 나는 내 꿈을 이루기 위해서 늘 최선을 다해.

do / true / make / dream / my / always / best / I / my / come / to

_____.

03 만나서 반가워요.

am / see / I / you / to / glad

_____.

04 그는 다시는 술 마시지 않기로 결심했어요.

decided / again / he / drink / to / not

_____.

05 제가 당신을 그곳에 모셔다 드릴게요.

there / take / me / let / you

_____.

정답 01 To get up early in the morning is not that easy.
02 I always do my best to make my dream come true. 03 I am glad to see you.
04 He decided not to drink again. 05 Let me take you there.

To부정사

동사(~이다)를 '~는 것'처럼 말할 때 to를 동사 앞에 쓰며 이를 to부정사라 합니다. 만들 수 있는 수는 무한대이며, to부정사는 위치에 따라 '~는 것', '~할', '~하기 위해서'처럼 해석되니까 의미가 꼭 정해진 건 아니에요.

문법 다지기

▌명사 역할

주어 역할(~는 것은)

- **To stay** healthy is very important.
  건강을 유지하는 것은 / 매우 중요합니다
- **To exercise** regularly is not that easy.
  운동하는 것은 / 규칙적으로 / 그렇게 쉽지는 않다

보어 역할(~는 것)

- My dream is **to become** a doctor.
  내 꿈은 / 되는 겁니다 / 의사가
- Our plan is **to save** money for a trip to New York.
  우리 계획은 / 모으는 것이다 / 돈을 / 여행을 위한 / 뉴욕으로

목적어 역할(~는 것을)

- I want **to learn** English.
  나는 / 원해 / 배우는 것을 / 영어
- She plans **to buy** a new car.
  그녀는 / 계획이에요 / 구입할 / 새 차를

▌want, need, like, decide, try, plan, love...

to부정사(to+동사원형)를 목적어로 취하는 동사

- I try **to lose** some weight.
  저는 / 노력해요 / 빼려고 / 살 좀
- She likes **to go** shopping by herself.
  그녀는 / 좋아해요 / 쇼핑하는 것을 / 그녀 혼자서

James, what do you like to do[4][5] on weekends?
제임스, 주말에 뭐 하는 거 좋아해?

I like to exercise[4][5].
You see, exercising is one of my favorite things. And you?
난 운동하는 걸 좋아해. 있잖아, 운동은 내가 가장 좋아하는 것들 중 하나거든. 넌 어때?

Well, my favorite thing is to cook[1].
I love to cook[1][4]. To cook[1] with a variety of new
ingredients is so fun and exciting.
글쎄, 내가 가장 좋아하는 것은 요리하는 거야. 요리하는 걸 너무 좋아해.
다양한 새로운 음식 재료들로 요리하는 건 너무 재밌고 흥미진진해.

That's great.
멋지네.

My dream is to become[1] a good cook.
내 꿈은 훌륭한 요리사가 되는 거야.

You can make it.
넌 해낼 수 있을 거야.

(English Grammar)

1. 영어에서 to부정사는 문장 속에서 주어, 보어 그리고 목적어 역할을 할 수 있습니다.
2. 동사 '~이다'를 '~는 것'처럼 얘기할 때는 동사 앞에 to를 넣어 to+동사원형 구조를 취하면 돼요.
3. 모든 동사(~이다) 앞에 to를 넣어 to+동사원형(~는 것)처럼 만들 수 있고 그 숫자는 제한이 없어요.
4. 동사 want, need, like, decide, try, plan, love....의 목적어로 to부정사가 나와요.
5. 동사 like의 목적어로 to부정사(to+동사원형)가 올 때는 사람의 선호도나 경향을 나타내는 말이에요.

형용사 역할

앞에 나온 명사(대명사) 수식(~할)

- I don't have enough time **to take** a long vacation.
  나는 / 가지고 있지 않아 / 충분할 시간을 / 보낼 / 긴 휴가를
- We have something **to ask** you.
  우리는 / 있어요 / 뭔가가 / 물어볼 / 당신에게

부사 역할

목적(~하기 위해서)

- I will travel more **to gain** personal growth.
  나는 / 여행할 거야 / 더 많이 / 이루기 위해 / 자기 성장을
- He needs to lose weight in order **to improve** his health.
  그는 / 빼야 해요 / 살을 / 증진시키기 위해 / 그의 건강을

이유(~해서)

- I'm sorry **to hear** that.
  나는 / 유감이에요 / 듣게 되어서 / 그 말을
- We are happy **to be** back home.
  우리는 / 기뻐 / 돌아오게 되어서 / 집으로

정도(~ 하기에는)

- This book is difficult **to understand**.
  이 책은 / 어려워 / 이해하기가
- The puzzle is challenging **to complete**.
  그 퍼즐은 / 간단치 않다 / 마무리 짓기에는

Juliet, can I have a word with you for a moment?
I have something to ask[1] you.
줄리엣, 잠깐 얘기 좀 나눌 수 있을까? 너에게 물어볼 게 있어.

Of course. What is it?
그럼. 뭔데?

Why are you thinking of going to the U.S.?
왜 미국에 갈 생각을 하고 있는 거지?

Well, I want to go there to improve[2] my English skills
and also to experience[2] its culture.
글쎄, 내 영어 실력을 향상시키고 문화를 경험하기 위해 그곳에 가고 싶어.

Is that it?
그게 다야?

Yes, that's all.
응, 그게 전부야.

(English Grammar)

1. 보통 to부정사(to+동사원형)는 앞에 오는 명사나 대명사를 수식해주는 형용사 역할을 합니다.
2. 목적(~하기 위해서)의 의미로 to부정사를 쓰며, 여기서 to부정사는 부사의 역할을 하는 거예요.
3. 숙어로 in order to+동사원형은 '~하기 위해서'로 to부정사(to+동사원형) 구조를 강조할 때 사용해요.
4. 이유나 원인의 뜻으로 to부정사를 사용하는데요, 의미는 '~해서'입니다.
5. 형용사를 to부정사가 뒤에서 꾸며주며, 이때 to부정사는 부사로 정도(~ 하기에는)를 나타내는 거예요.

▌가주어 / 진주어

가주어는 가짜 주어(it) / 진주어는 진짜 주어(to+동사원형)

- **It** is important **to have** a positive attitude.
  그것은 / 중요합니다 / 가지는 것은 / 긍정적인 태도를
- **It** is difficult **to quit** smoking without help.
  그것은 / 어렵다 / 끊는 것은 / 담배를 / 도움 없이

▌to부정사 의미상의 주어

for + 의미상의 주어(대명사 목적격) + to부정사

- It's easy **for me to make** new friends.
  그것은 / 쉽다 / 내가 / 사귀는 게 / 새 친구들을
- It is fun and exciting **for us to go** to amusement parks.
  그것은 / 재밌고 신나 / 우리가 / 가는 게 / 놀이 공원에

▌to부정사의 부정

not + to부정사(~하지 않기로)

- I made up my mind **not to learn** Chinese.
  나는 / 결심했다 / 배우지 않기로 / 중국어를
- He tried **not to skip** his morning workout routine.
  그는 / 노력했어요 / 거르지 않으려고 / 그의 아침 운동 루틴을

▌원형부정사

지각동사(see, feel, hear) / 사역동사(let, have, make)+목적어+동사원형

- I **saw** Peter **play** the piano.
  나는 / 봤어 / 피터가 / 연주하는 것을 / 피아노
- **Let** me **know** her name.
  저에게 / 알려주세요 / 그녀 이름을

I think it is important to exercise[1] regularly
to stay healthy.
건강을 유지하기 위해 규칙적으로 운동하는 게 중요한 것 같아.

I feel the same way, but it's not that easy
for me to find[2] the time for a workout.
나도 같은 생각이야. 하지만 내가 운동할 시간을 내기가 그렇게 쉽진 않아.

I see. Well, I also try not to eat[3] late at night.
그렇구나. 음, 난 또한 야식하지 않으려고 노력해.

In my case, it is so hard for me to do[2] that.
You see, I love late-night snacks.
내 경우에는, 그렇게 하기가 너무 힘들어. 알다시피, 야식을 너무 좋아하거든.

I hear you. Anyway, Jenny, if you don't mind, let me help[4][5] you.
We could plan out healthy snacks together.
이해가 돼. 아무튼, 제니, 괜찮다면, 내가 널 도와줄게.
우리 함께 건강한 간식을 계획할 수가 있어.

That's a good idea.
그거 괜찮은 생각이야.

(English Grammar)

1. 주어 자리에 온 to부정사가 길고 복잡하면 동사 뒤로 빼고 가주어(가짜 주어)인 it을 주어 자리에 넣어요.
2. to부정사의 의미상 주어는 'for+목적격대명사'처럼 표현하며 목적격대명사는 인칭대명사에 속해요.
3. to부정사의 부정은 보통 not을 to부정사 앞에 씁니다. 즉 not to부정사(to+동사원형)처럼 말이에요.
4. 사역동사(have, let, make) 다음에 목적어가 오며 목적보어 자리에는 원형부정사(동사원형)가 나옵니다.
5. 영어에서 '사역동사 + 목적어 + 원형부정사' 구조는 '~가 ~하게 하다'라는 뜻으로 쓰이지요.

(Check-Up)

01 건강을 유지하는 것은 매우 중요합니다.

(a) To stay healthy is very important.

(b) To staying healthy is very important.

(c) Stay healthy is very important.

02 저는 살 좀 빼려고 노력해요.

(a) I try to losing some weight.

(b) I try to lost some weight.

(c) I try to lose some weight.

03 그녀는 혼자서 쇼핑하는 걸 좋아해요.

(a) She likes go shopping by herself.

(b) She likes to go shopping by herself.

(c) She likes to going shopping by herself.

04 우리는 당신에게 뭔가 물어볼 게 있어요.

(a) We have something asked you.

(b) We have something to ask you.

(c) We have something asking you.

05 우리는 집으로 돌아오게 되어서 기뻐.

(a) We are happy being back home.

(b) We are happy to being back home.

(c) We are happy to be back home.

06 이 책은 이해하기가 어려워.

(a) This book is difficult to understand.

(b) This book is difficult understand.

(c) This book is difficult understanding.

07 도움 없이 담배 끊는 것은 어려워.

(a) It is difficult quit smoking without help.

(b) It is difficult to quit smoking without help.

(c) It is difficult quitting smoking without help.

08 내가 새 친구들을 사귀는 건 쉬워.

(a) It's easy for me to make new friends.

(b) It's easy with me to make new friends.

(c) It's easy on me to make new friends.

09 난 중국어를 배우지 않기로 결심했어.

(a) I made up my mind to not learn Chinese.

(b) I made up my mind not to learning Chinese.

(c) I made up my mind not to learn Chinese.

10 저에게 그녀 이름을 알려주세요.

(a) Let me to know her name.

(b) Let me know her name.

(c) Let me knowing her name.

UNIT 06

인생
영문법

[동명사]

(미리 엿보기)

[01-05] 각 단어들을 의미에 맞게 올바르게 나열해 보세요.

01 내 꿈을 이루는 것은 멀고 힘든 여정이야.

come / journey / my / is / making / and / long / true / dream / a / difficult

_____.

02 우리는 줄서서 기다리는 거 괜찮아요.

mind / we / line / don't / in / waiting

_____.

03 저는 가족이랑 영화 보는 걸 좋아해요.

family / watching / I / with / like / my / movies

_____.

04 그는 휴식을 좀 취하고 싶어 해요.

he / rest / some / like / feels / getting

_____.

05 자꾸 긴장이 되네요.

I / nervous / help / can't / feeling

_____.

동명사

동사의 성질과 명사의 성질을 동시에 가지고 있는 게 동명사인데요, 동사(~이다)를 명사(~는 것)처럼 만들려면 동사에 –ing을 붙여 v–ing처럼 하면 되죠. 동사이기에 목적어를 취하며 명사로 쓰일 때는 주어자리에 옵니다.

📖 문법 다지기

▌ 명사 역할

주어 역할(~는 것은)

- **Learning** foreign languages is meaningful.
  배우는 것은 / 외국어를 / 의미가 있다

- **Eating** healthy food is important.
  먹는 것은 / 건강에 좋은 음식을 / 중요합니다

보어 역할(~는 것)

- My hobby is **reading** novels in my free time.
  내 취미는 / 읽는 것이다 / 소설을 / 내 자유시간에

- Our plan is **improving** our product quality.
  우리의 계획은 / 향상시키는 것입니다 / 우리 제품의 품질을

목적어 역할(~는 것을)

- I practice **speaking** English every day.
  나는 / 연습해 / 말하는 것을 / 영어 / 매일

- He is considering **buying** a new house.
  그는 / 고려하고 있는 중이에요 / 사는 것을 / 새 집

▌ enjoy, mind, give up, quit, recommend...

동명사(v–ing)를 목적어로 취하는 동사

- I enjoy **traveling** by myself.
  나는 / 즐겨 / 여행하는 걸 / 혼자서

- She gave up **learning** to cook.
  그녀는 / 포기했어요 / 배우는 것을 / 요리하는 거

70

What do you enjoy in your spare time?
여가시간에 뭘 즐겨?

I enjoy watching[3][4] movies or listening[3][4] to music on
my smartphone in my free time. What about you?
Tell me something about your hobby.
여가 시간에 영화 보거나 스마트폰으로 음악 듣는 걸 즐겨. 넌? 네 취미에 대해 말해봐.

Well, my hobby is reading[2] books or doing[2] some
window shopping with some friends.
Do you read novels?
글쎄, 내 취미는 책을 읽거나 친구들과 윈도쇼핑 하는 거야. 너는 소설 읽니?

No, I don't. I hate reading[3] them.
But learning[1] foreign languages is so much fun.
So I practice speaking[3] English almost every day.
아니, 안 읽어. 소설 읽는 걸 너무 싫어해.
하지만 외국어를 배우는 건 훨씬 더 재밌지. 그래서 거의 매일 영어 말하기 연습을 해.

That's news to me. Anyway, I should go now.
It was good to see you. Have a good one.
몰랐어. 아무튼, 나 이제 가야겠어. 만나서 반가웠어. 좋은 시간 보내.

Thanks. You too. I'll see you around.
고마워. 너도. 조만간에 봐.

(English Grammar)

1. 동사와 명사로 동시에 사용되는 동명사는 문장에서 주어 자리에 올 수 있어요. 의미는 '~는 것'입니다.
2. 동명사를 be 동사 다음 보어 자리에 쓸 수 있어요. 이때 동명사는 문장을 보충하는 역할이에요.
3. 동사 다음에 목적어 자리에 동명사가 나올 수 있어요. 문장에서 의미는 '~는 것'이 되죠.
4. 동명사(v-ing)가 목적어로 나오는 동사에는 enjoy(즐기다), mind(언짢아하다), give up(포기하다)이 있어요.
5. 동사 quit(그만두다)와 recommend(추천하다)도 동명사(v-ing)를 목적어로 취해요.

부정사와 동명사 둘 다 오는 동사

like + to부정사/동명사(~하는 걸 좋아해요) / love + to부정사/동명사(~하는 걸 정말 좋아해요)

- I like **to travel** by myself.
  나는 / 좋아해요 / 여행하는 것을 / 나 혼자서

- She loves **shopping** online.
  그녀는 / 너무 좋아해요 / 쇼핑하는 걸 / 온라인으로

stop + to부정사(~하기 위해 멈추다) / stop + -ing(~하는 걸 그만두다)

- I stopped **to tie** my shoelaces on my way home.
  나는 / 멈췄다 / 묶기 위해 / 내 신발 끈을 / 집에 오는 길에

- He stopped **drinking** a couple of days ago.
  그는 / 끊었어 / 술 마시는 걸 / 며칠 전에

동명사를 쓰는 관용어구

be busy -ing(~하느라 바쁘다) / feel like -ing(~하고 싶다, ~하고 싶은 기분이다)

- I **was busy** finish**ing** my homework last night.
  나는 / 바빴어 / 끝내느라 / 내 숙제를 / 지난밤에

- We **feel like** go**ing** to the beach today.
  우리는 / 가고 싶어요 / 해변에 / 오늘

look forward to -ing(~하는 것을 학수고대하다) / can't help -ing(자꾸 ~하게 되다)

- I **look forward to** meet**ing** him in person.
  나는 / 학수고대해 / 만나기를 / 그를 / 직접

- I **can't help** cry**ing**.
  저는 / 자꾸 눈물이 나네요.

What do you feel like doing[4] today?
오늘은 뭘 하고 싶어요?

I don't know for sure,
because I'm busy writing[4] a report.
보고서 작성하느라 바빠서 확실히는 모르겠어요.

You've been working hard all morning. Why don't you
stop writing[3] it for a moment and go out for a walk?
오전 내내 열심히 일했잖아요. 잠시 쓰는 거 멈추고 산책하러 나가는 게 어떨까요?

That's a good idea. In fact, I love walking[2].
And I look forward to getting[5] some fresh air for a change.
좋은 생각이에요. 실은, 저는 걷는 걸 너무 좋아해요.
그리고 기분전환으로 바람 좀 쐬는 거 기대하고 있어요.

Great! And while we're out, we can stop to grab[3]
some coffee at a coffee shop. What do you say?
잘됐네요! 외출할 동안, 커피숍에 잠깐 들러서 커피를 마실 수 있어요. 어때요?

I like to drink[1] coffee.
You see, I'm a big fan of coffee.
커피 마시는 걸 좋아해요. 알다시피, 저는 커피를 아주 좋아하거든요.

(English Grammar)

1. 동사 like 다음에 to부정사를 쓸 때는 '성향'을 뜻하며, 동명사를 쓸 때는 행위를 '즐긴다(enjoy)'의 의미
예요.
2. 동사 love는 '사랑하다'지만 뭔가를 '몹시 좋아하다'라는 뜻으로 to부정사나 동명사가 목적어로 나와요.
3. 동사 stop 다음에 to부정사가 오면 '~하기 위해 멈추다'이며 동명사가 오면 '~하는 걸 그만두다'입니다.
4. 숙어로 be busy -ing는 '~하느라 바쁘다'이고, feel like -ing는 '~을 하고 싶다, ~하고 싶은 기분이다'
이에요.
5. 숙어로 look forward to -ing는 '~하는 것을 학수고대하다'로 to 다음에 명사, 대명사 그리고 동명사가
와요.

(Check-Up)

01 건강에 좋은 음식을 먹는 것은 중요합니다.

(a) To eating healthy food is important.

(b) Eaten healthy food is important.

(c) Eating healthy food is important.

02 우리의 계획은 우리 제품의 품질을 향상시키는 것입니다.

(a) Our plan is improving our product quality.

(b) Our plan is improve our product quality.

(c) Our plan is to be improved our product quality.

03 그는 새 집 사는 걸 고려하고 있는 중이에요.

(a) He is considering to bought a new house.

(b) He is considering buying a new house.

(c) He is considering to buy a new house.

04 나는 혼자 여행하는 걸 즐겨.

(a) I enjoy travel by myself.

(b) I enjoy traveling by myself.

(c) I enjoy to travel by myself.

05 그녀는 요리 배우는 걸 포기했어요.

(a) She gave up learning to cook.

(b) She gave up learn to cook.

(c) She gave up to learn to cook.

06 그녀는 온라인으로 쇼핑하는 걸 너무 좋아해요.

(a) She loves to shopping online.

(b) She loves shopping online.

(c) She loves shop online.

07 난 그를 직접 만나기를 학수고대해.

(a) I look forward to meet him in person.

(b) I look forward meeting him in person.

(c) I look forward to meeting him in person.

08 지난밤에 내 숙제를 끝내느라 바빴어.

(a) I was busy finishing my homework last night.

(b) I was busy to finish my homework last night.

(c) I was busy finish my homework last night.

09 우리는 오늘 해변에 가고 싶어요.

(a) We feel like go to the beach today.

(b) We feel like to going to the beach today.

(c) We feel like going to the beach today.

10 자꾸 눈물이 나와요.

(a) I can't help to cry

(b) I can't help crying.

(c) I can't help cry

정답 01 (c) 02 (a) 03 (b) 04 (b) 05 (a) 06 (b) 07 (c) 08 (a) 09 (c) 10 (b)

UNIT 07

인생
영문법

[분사]

[01-05] 각 단어들을 의미에 맞게 올바르게 나열해 보세요.

01 깨진 유리가 바닥에 널브러져 있었다.
the / broken / floor / littered / glass

_____.

02 그녀는 어제 시험 결과에 실망했어.
yesterday / she / results / exam / felt / with / disappointed / the

_____.

03 저는 이전에 도쿄를 많이 방문했던 적이 있어요.
before / Tokyo / times / I / visited / have / many

_____.

04 그 프로젝트는 팀원들에 의해 완성되었다.
was / by / project / the / team / the / completed / members

_____.

05 난 매일 똑같은 일을 하는 게 지겨워.
every / I / thing / tired / day / doing / of / same / the / am

_____.

분사

분사는 동사에서 파생된 형용사로 현재동사를 기반으로 만든 현재분사 (−ing)와 과거동사를 기반으로 만든 과거분사(−ed)를 말해요. 현재분사는 진행(∼하는, ∼하고 있는)이지만 과거분사는 수동(∼당한)이나 완료(∼된)입니다.

문법 다지기

현재분사(v-ing)

명사 수식(∼하는, ∼하고 있는)

- Look at the birds **flying** in the sky.
  봐 / 새들을 / 날고 있는 / 하늘에
- The **smiling** baby is so cute.
  웃는 아기가 / 너무 귀여워요

진행(∼하고 있는 중)

- I'm **listening** to music while I work.
  나는 / 듣고 있는 중이다 / 음악을 / 내가 / 일하는 동안
- She is **cooking** lunch for her family.
  그녀는 / 요리하고 있어요 / 점심을 / 그녀 가족을 위해

주어/목적어 보어 역할(∼는 것)

- The movie seems **interesting**.
  그 영화는 / 보여요 / 재밌어
- I found this book **boring**.
  나는 / 알았다 / 이 책이 / 지루하다는 것을

78

Have you seen the new movie released yesterday?
어제 개봉한 새 영화 봤어?

No, not yet. Did you see that?
아니, 아직은 못 봤어. 넌 그거 봤니?

Neither did I. Actually, I didn't have enough time to watch it because I worked hard all day yesterday.
But it seems interesting[3][4][5].
By the way, what were you doing[2] yesterday?
나도 못 봤어. 실은, 어제 하루 종일 열심히 일했기 때문에 그거 볼 시간이 충분치 않았어. 하지만 재밌어 보여. 그런데 말이야, 어제 너 뭐하고 있었던 거야?

I was preparing[2] for my mid-term exams.
I'm so worried about them.
중간고사 준비하고 있었어. 시험이 너무 걱정돼.

I understand how you feel.
Just keep studying and give it your best shot!
네 심정 이해돼. 그냥 계속 공부하면서 최선을 다해봐!

I got it. Will do.
알았어. 그렇게.

(English Grammar)

1. 현재동사를 기반으로 만든 현재 분사(v–ing)는 명사를 앞이나 뒤에서 수식해 주는 형용사 역할을 합니다.
2. 현재분사(v–ing)에는 '~하고 있는'의 진행의 뜻이 있어 be동사와 함께 쓰여 '~하고 있는 중이다'가 됩니다.
3. 현재분사는 형용사입니다. 형용사는 명사를 수식해 줄 수 있고, be동사 다음에 보어로 쓰일 수 있어요.
4. 현재분사는 주어나 목적어의 뜻을 보충해주는 보어 역할을 합니다. 즉, 주격보어나 목적격보어를 말해요.
5. 사람이나 사물의 특성을 표현할 때 interesting(재미있는), boring(지루한)처럼 현재분사를 사용해요.

과거분사(-ed)

명사 수식(~된)

- There are a lot of **fallen** leaves on the street.
  있어요 / 많은 낙엽들이 / 거리에
- I like reading books **written** in English.
  나는 / 좋아해 / 책 읽는 걸 / 쓰여진 / 영어로

주어/목적어 보어 역할

- He looks **exhausted** today.
  그는 / 지쳐 보여요 / 오늘
- I found the door **unlocked**.
  나는 / 알았다 / 그 문이 / 잠겨 있지 않은 것을

have+과거분사(완료)

- I **have finished** my project ahead of schedule.
  저는 / 끝냈어요 / 제 프로젝트를 / 예정보다 일찍
- She **has written** a guidebook that provides tips for travelers.
  그녀는 / 집필했다 / 안내서를 / 제공하는 / 정보를 / 여행객들에게

수동태(be+과거분사+by)

- This table can **be made by** a carpenter.
  이 테이블은 / 만들어질 수 있다 / 목수에 의해
- That song **was written by** a famous songwriter.
  그 노래는 / 쓰였다 / 유명한 작곡가에 의해

수동태(be+과거분사+전치사) 관용표현

- I'**m interested in** history.
  난 / 관심이 있어 / 역사에
- We **were** a little **disappointed with** his behavior.
  우리는 / 약간 실망했어요 / 그의 행동에

Look at those fallen[1][2] leaves over there.
저기 낙엽들 좀 봐.

Wow, they look awesome.
Fall has already spread[3] all over the country.
와, 정말 멋있다. 벌써 가을이 전국으로 퍼졌어.

Yeah, you're right. The streets covered[2][5]
with fallen[1][2] leaves look so picturesque.
Jenny, do you like fall?
그래, 네 말이 맞아. 낙엽으로 뒤덮인 거리들이 너무 그림
같이 아름다워 보여. 제니, 가을 좋아해?

Sure, I do. Jack, do you know what else I like about fall?
물론 좋아하지. 잭, 가을에 대해 내가 또 뭘 좋아하는지 아니?

I have no idea. What is that?
전혀 모르겠는데. 그게 뭔데?

Halloween! It is one of my favorite holidays.
And I look forward to going to a haunted[2] house.
할로윈! 내가 가장 좋아하는 휴일 중 하나거든. 그리고 난 유령의 집에 가는 걸 기대해.

(English Grammar)

1 과거분사인 fallen이 명사 leaves를 앞에서 수식합니다.
2 과거분사는 형용사이기에 명사를 앞이나 뒤에서 꾸며줄 수 있어요.
3 보조 동사로 쓰이는 have(has)다음에 과거분사가 와서 현재 완료의 문장을 이룹니다.
4 수동태로 'be동사+과거분사+by' 구조는 '~에 의해(by) ~된다'의 뜻이에요.
5 수동태 구조에서 전치사는 앞에 오는 과거분사에 따라 전치사가 바뀔 수 있어요.

(Check-Up)

01 하늘을 날고 있는 저 새들을 봐.

(a) Look at the birds flying in the sky.

(b) Look at the birds fly in the sky.

(c) Look at the birds flown in the sky.

02 일하는 동안 음악을 듣고 있는 중이야.

(a) I'm listening to music while I work.

(b) I'm listen to music while I work.

(c) I'm to listen to music while I work.

03 그 영화는 재밌어 보여요.

(a) The movie seems interested.

(b) The movie seems interestingly.

(c) The movie seems interesting.

04 이 책이 지루하다는 것을 알았다.

(a) I found this book bored.

(b) I found this book boring.

(c) I found this book bore.

05 거리에는 많은 낙엽들이 있어요.

(a) There are a lot of fallen leaves on the street.

(b) There are a lot of falling leaves on the street.

(c) There are a lot of fell leaves on the street.

06 그는 오늘 지쳐 보여요.

(a) He looks exhausting today.

(b) He looks exhaustedly today.

(c) He looks exhausted today.

07 나는 그 문이 잠겨 있지 않은 것을 알았다.

(a) I found the door unlocked.

(b) I found the door unlocking.

(c) I found the door unlock.

08 그녀는 여행객들에게 정보를 제공하는 안내서를 집필했다.

(a) She has writing a guidebook that provides tips for travelers.

(b) She has written a guidebook that provides tips for travelers.

(c) She has wrote a guidebook that provides tips for travelers.

09 그 노래는 유명한 작곡가에 의해 쓰였다.

(a) That song was writing by a famous songwriter.

(b) That song was written by a famous songwriter.

(c) That song has written by a famous songwriter.

10 우리는 그의 행동에 약간 실망했어요.

(a) We were a little disappointed with his behavior.

(b) We were a little disappointing with his behavior.

(c) We were a little disappoint with his behavior.

UNIT 08

[전치사]

[01-05] 각 단어들을 의미에 맞게 올바르게 나열해 보세요.

01 저는 일주일에 두 번 헬스장에 운동해요.

week / I / at / out / work / gym / a / the / twice

_____.

02 봄이 코앞으로 다가왔네요.

corner / spring / just / the / is / around

_____.

03 아침 먹고 나서 개를 산책시켰어.

eating / after / I / walk / took / breakfast / a / dog / for / the

_____.

04 악천후 때문에 그 파티가 취소되었다.

party / weather / of / because / bad / canceled / the / was

_____.

05 뭔가 하느라 한창 바빠.

middle / I / something / am / the / of / in

_____.

전치사

전치사는 preposition으로 pre는 '앞에', position는 '위치하다'입니다. 명사 앞에 오는 것을 전치사라고 하죠. 전치사는 문장 속에서 시간이나 장소로 해석되며 '전치사+명사'를 '전치사구' 또는 '전명구'라고 해요.

📖 문법 다지기

▌ in

시간(~에) / 장소(~안에, ~에서)

- I like exercising **in** the morning.
  나는 / 좋아해 / 운동하는 걸 / 아침에
- I was born and raised **in** Busan.
  저는 / 태어나고 자랐어요 / 부산에서

▌ at

시간(~에) / 장소(~에서)

- Call me **at** 4 p.m.
  전화해 / 나한테 / 오후 4시에
- I meet some friends **at** a coffee shop twice a week.
  나는 / 만나요 / 몇몇 친구들을 / 커피숍에서 / 일주일에 두 번

▌ on

시간(~에) / 장소(~위에, ~에)

- I had a birthday party **on** Friday night.
  나는 / 열었다 / 생일 파티를 / 금요일 밤에
- She bumped into her friend **on** the street yesterday.
  그녀는 / 우연히 만났어요 / 그녀 친구를 / 거리에서 / 어제

Do you have anything to do in[1] the afternoon?
오후에 할 일 있어요?

No, I don't. What is it?
아니오, 없는데요. 왜 그러시죠?

Then let's grab some coffee at[3] a coffee shop together.
그럼 커피숍에서 함께 커피 한 잔 마셔요.

That works for me. Where should we meet?
전 좋아요. 어디서 만나죠?

How about at[3] the coffee shop on[5] Main Street?
메인 거리에 있는 커피숍이 어떨까요?

Sounds good. You name the time.
괜찮네요. 시간만 말해주세요.

(English Grammar)

1. 전치사구 in the morning(아침에), in the afternoon(오후에), in the evening(저녁에)처럼 in을 사용해요.
2. 전치사 in이 장소 명사 앞에 나올 때는 '~안에, ~에서'로 넓은 장소를 말할 때는 at이 아닌 in을 써요.
3. 전치사 at이 시간의 뜻으로 '~에'지만 장소의 뜻으로는 '~에서'입니다. 좁은 공간이나 한 지점을 뜻하죠.
4. 요일 앞에 전치사 on을 써서 on Sunday(일요일에), on Friday night(금요일 밤에)처럼 표현할 수 있어요.
5. 전치사 on의 뜻은 '~위에, ~에'입니다. 전치사구 on Main street는 '메인 거리에'라는 뜻이에요.

from

시간(~부터) / 장소(~에서, ~부터)

- We work **from** 9 a.m. to 6 p.m.
  우리는 / 일해요 / 아침 9시부터 / 오후 6시까지
- I'm **from** South Korea.
  전 / 왔어요 / 한국에서

to

행선지/도착점(~으로, ~에, ~쪽으로)

- I'm on my way **to** the grocery store.
  나는 / 가는 중이야 / 식료품점에
- You can come over **to** my place.
  당신은 / 놀러 와도 돼요 / 우리 집에

by

수단(~으로) / 시간(~까지)

- I don't like to travel **by** bus.
  저는 / 좋아하지 않아요 / 여행하는 것을 / 버스로
- You have to finish your report **by** 5 p.m.
  당신은 / 끝내야 해요 / 당신 보고서를 / 오후 5시까지

with

동행(~와 함께) / 수단(~으로)

- I'm thinking of taking a trip **with** my family.
  난 / 생각중이야 / 여행하는 것을 / 내 가족과 함께
- Can I pay **with** a credit card?
  제가 / 결제할 수 있나요? / 신용카드로

Hello. Are you a tourist or something?
안녕하세요. 혹시 여행객인가요?

Yes, I'm a tourist from[1][2] New York.
Do you live here in Seoul?
네, 뉴욕에서 온 관광객입니다. 여기 서울에 사시나요?

Of course, I do. Anyway, nice to meet you.
물론이죠. 아무튼, 만나서 반가워요.

You too. Actually, I'm planning a trip to[3] Busan soon.
저도요. 실은, 조만간 부산 여행을 계획하고 있어요.

Oh, that's great!
How are you going to get there?
와, 잘됐네요! 그곳에 어떻게 가시려고요?

I'm thinking of traveling to[3] Busan from[1][2]
Seoul by[4] train. I'll go there with[5] my family.
기차로 서울에서 부산까지 여행할 생각이에요.
그곳에 가족과 함께 갈 겁니다.

(English Grammar)

[1] 전치사 from이 시간으로 해석될 때는 '~부터'이고 장소로 해석될 때는 '~에서', '~부터'입니다.
[2] 해외여행가면 I'm from South Korea.(한국에서 왔어요)처럼 전치사 from을 사용해서 말하게 됩니다.
[3] 전치사 to는 행선지나 도착점을 언급할 때 '~으로', '~에', '~쪽으로'의 뜻으로 해석됩니다.
[4] 교통수단을 언급할 때 전치사 by가 필요해요. 때로는 시간 앞에 나와 '~까지'의 의미로도 쓰여요.
[5] 전치사 with는 '~와 함께'로 뒤에 my family를 넣어 with my family로 말하면 '내 가족과 함께'입니다.

for

기간(~동안) / 동의(~에 찬성하는)

- We have been in Seattle **for** two weeks.
  우리는 / 있었다 / 시애틀에 / 2주 동안
- I'm **for** the new policy.
  저는 / 찬성합니다 / 그 새로운 정책에

against

장소(~에 붙여) / 반대/대항(~에 반대하는)

- Do not lean **against** the wall.
  기대지 말아요 / 벽에
- I'm **against** the proposal.
  나는 / 반대해 / 그 제안에

during

기간(~동안에, ~중에)

- I had a great time **during** my summer vacation.
  난 / 가졌어요 / 좋은 시간을 / 내 여름휴가 동안에
- She lost her passport **during** her trip to Hawaii.
  그녀는 / 분실했어요 / 그녀의 여권을 / 그녀의 여행 중에 / 하와이

since

시간(언제부터(Since when?)...했다고 그래?, ~이후부터)

- **Since** when did you ever listen to me?
  언제부터 / 네가 / 들었다고 그래? / 내 말을
- My daughter has been on a diet **since** last month.
  내 딸은 / 다이어트 중이었다 / 지난 달 이후부터

Have you tried the new Chinese restaurant
in our neighborhood?
우리 동네에 새로 생긴 중국 식당 가봤어?

Sure, I have.
I went there during[3] my lunch break.
응. 점심시간에 갔어.

Did you enjoy your meal?
음식은 맛있게 먹었어?

No, I didn't. I was a little disappointed. I'm against[2] it
because the prices are too high for the portion sizes.
아니. 좀 실망했어. 가격이 양에 비해 너무 비싸서 별로야.

That's too bad. I have been there several times before
and I'm for[1] it because of the amazing food they serve.
And also it has had a good reputation for its high-quality
food since[4] last year.
아쉽다. 난 전에 거기에 여러 번 가봤는데 음식이 정말 훌륭해서 마음에 들어.
그리고 또한 작년부터 음식의 품질이 좋기로 명성이 자자했어.

Oh, I didn't know that.
아, 그건 몰랐네.

(English Grammar)

1. 전치사 for에는 '~동안', '~에 찬성하는'의 뜻 외에도 '~을 위해서'처럼 목적의 의미도 있어요.
2. 뭔가에 반대할 때 전치사 against이 필요해요. 전치사 against에는 '~에 반대하는'의 뜻이 담겼거든요.
3. 전치사 during은 '~동안에'로 뒤에 명사가 나와 전치사구(전명구)의 구조를 가져요.
4. 전치사로 since는 '~이후부터'의 뜻으로 보통 현재완료시제와 함께 쓰입니다.
5. 전치사로 쓰인 since가 when과 쓰이면 '언제부터 ~했다고 그래?'로 뭔가 미심쩍은 것을 말할 때 사용해요.

under

장소(〜아래에) / 상태(〜아래에 있는)

- The suitcase is **under** the table.
  여행 가방이 / 있다 / 테이블 아래에
- She is **under** a lot of pressure.
  그녀는 / 받고 있어요 / 많은 압박을

behind

장소(〜뒤에) / 시간(〜보다 뒤쳐진, 〜뒤에)

- I parked my car **behind** the convenience store.
  나는 / 주차했다 / 내 차를 / 편의점 뒤에
- Our new project was **behind** schedule.
  우리의 새 프로젝트는 / 늦어졌다 / 예정보다

around

장소(〜 주위에, 〜 주변에) / 시간(약, 대략)

- There is a coffee shop **around** the park.
  있어요 / 커피숍이 / 공원 주변에
- I normally have lunch **around** noon.
  나는 / 보통 / 먹어 / 점심을 / 정오쯤에

over

시간의 흐름(〜동안에)

- Let's have a talk **over** dinner.
  대화나 나눕시다 / 저녁 먹으면서
- I did a lot of house chores **over** the weekend.
  나는 / 했어 / 많은 집안일을 / 주말 동안

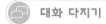

Hey, Peter! You look concerned.
What's wrong? What is it?
이봐, 피터! 너 걱정스러워 보여. 왜 그래? 무슨 일이야?

I used my wallet over[5] the weekend,
but I can't find it anywhere.
내가 주말동안 지갑을 사용했는데, 하지만 그걸 도무지 못 찾겠어.

When did you use it last?
마지막으로 사용한 게 언젠데?

I used it last around[4] noon. I thought I left it on the chair
behind[2] the table. Can you help me find it for a moment?
정오쯤에 마지막으로 사용했거든. 내가 그걸 테이블 뒤에 있는 의자 위에 둔 거 같은데.
잠깐만 찾는 걸 도와줄 수 있니?

Sure thing. By the way, did you check under[1] the sofa?
물론이지. 그런데 말이야, 소파 아래는 확인해 봤어?

Not yet, but I'll go check it out right now.
아직은, 하지만 지금 당장 가서 확인해 볼게.

(English Grammar)

1. 전치사 under가 장소로는 '～아래에'지만 상태일 때는 '～아래에 있는 상태'의 뜻을 가집니다.
2. 장소로 behind는 '～뒤에'지만 시간으로 전치사 behind를 쓸 때는 '뒤에, 뒤쳐진'의 의미예요.
3. 전치사 around의 가장 기본 뜻은 '～ 주위에', '～ 주변에'로 위치를 언급할 때 사용하는 말이에요.
4. 전치사 around를 '대략', '약'처럼 사용할 때는 기준이 되는 시점에서 약간의 차이가 있음을 말하는 거예요.
5. 전치사 over를 사용해서 over the weekend처럼 표현하면 그 의미는 '주말 동안'이에요.

before

시간(~전에) / 장소(~앞에)

- I always check my email **before** breakfast.
  나는 / 항상 / 확인해 / 내 이메일을 / 아침 식사 전에
- The post office is located right **before** my office.
  우체국은 / 위치해 있다 / 내 사무실 바로 앞에

after

시간/순서상(~후에, ~뒤에)

- I went out by myself **after** lunch.
  나는 / 외출했어요 / 혼자서 / 점심 식사 후에
- He hates doing the same thing day **after** day.
  그는 / 몹시 싫어해 / 하는 것을 / 같은 일 / 매일같이

about

주제(~에 대해서, ~에 관한) / 시간(대략, 쯤)

- I enjoy reading books **about** traveling.
  저는 / 즐깁니다 / 책 읽는 걸 / 여행에 관한
- The meeting will start at **about** 9 a.m.
  모임은 / 시작될 것이다 / 대략 오전 9시쯤

(전치사구) **next to**

장소/위치(~옆에, ~와 나란히)

- There is a bus stop **next to** the shopping mall.
  있어요 / 버스 정류장이 / 쇼핑몰 옆에
- She is sitting **next to** Peter.
  그녀는 / 앉아 있어요 / 피터와 나란히

Hi, Jennifer! This is Sam. What are you up to?
안녕하세요, 제니퍼! 쌤입니다. 뭐하고 있어요?

I'm trying to finish up some reports before[1] lunch.
Where are you?
점심 먹기 전에 보고서를 끝내려고 애쓰는 중이에요. 어디예요?

I'm at the coffee shop next to[5] the NC department store.
Why don't you come and join me?
We can grab some coffee together.
NC 백화점 옆에 있는 커피숍에 있어요. 와서 저랑 함께 할래요?
우리 같이 커피 마실 수 있잖아요.

Okay, I'll be there after[2] finishing them.
It will take about[4] 20 minutes. Can you wait for me?
알았어요, 보고서 끝내고 거기 갈게요.
대략 20분 정도 걸릴 거예요. 절 기다려줄래요?

No problem. I can wait until you show up. Anyway,
we can catch up about[3] our week while drinking coffee.
물론이죠. 당신이 올 때까지 기다릴 수 있습니다. 아무튼,
우리 커피 마시면서 지난 일주일 동안 뭐 했는지 얘기를 나눌 수도 있겠어요.

Sounds great. I'll see you there.
좋아요. 거기서 봐요.

(English Grammar)

1 전치사 before에는 시간(~전에)이나 장소(~앞에)의 의미가 담겨 있어요.
2 전치사로 after는 시간(~후에)이나 순서(~뒤에)로 쓰입니다.
3 어떤 주제에 대해 언급할 때 전치사 about을 사용하며 뜻은 '~에 대해서', '~에 관한'입니다.
4 전치사 at 다음에 구체적인 시간이 오고, about은 '쯤'으로 대략적인 시간을 나타내는 전치사예요.
5 전치사구인 next to는 '~옆에', '~와 나란히'의 뜻으로 바짝 붙어 있을 정도의 옆을 말합니다.

▌ (전치사구) **because of**

이유(~ 때문에) / 원인(~로 인하여)

- **Because of** bad weather, I don't want to exercise today.
  악천후 때문에 / 나는 / 원하지 않아 / 운동하는 걸 / 오늘은
- I was in a car accident this morning **because of** my mistake.
  나는 / 차 사고를 당했다 / 오늘 아침에 / 내 실수로 인하여

▌ (전치사구) **in front of**

장소(~앞에)

- There is a bakery shop **in front of** the train station.
  있어요 / 제과점이 / 기차역 앞에
- You can easily find a parking spot **in front of** the restaurant.
  당신은 / 쉽게 찾을 수 있어요 / 주차 공간을 / 식당 앞에서

▌ (전치사구) **instead of**

선택/대체(~대신에) / 제시/제안(~대신에, ~하기 보다는)

- I will drink tea **instead of** coffee.
  나는 / 마실 거야 / 차 / 커피 대신에
- Let's go out **instead of** staying home.
  외출합시다 / 집에 있기 보다는

▌ (전치사구) **thanks to**

사람/사물/상황(~덕택으로, ~덕분에)

- I was able to improve my health, **thanks to** your advice.
  저는 / 향상시킬 수 있었어요 / 제 건강을 / 당신 조언 덕분에
- **Thanks to** Tony, we had a great time on our trip.
  토니 덕택으로 / 우리는 / 가졌다 / 즐거운 시간을 / 우리 여행에서

Why don't we go out instead of[3] staying home?
우리 집에 있지 말고 밖에 나가는 게 어때?

You read my mind. Because of[1] the warm weather,
I'm not in the mood to be at home today.
내 마음 읽었네. 날씨가 따뜻해서, 오늘은 집에 있을 기분이 아니야.

I see. Cindy, you know what?
그렇구나. 신디, 그거 알아?

What?
뭔데?

I found a new Italian restaurant in front of[2] the
theater in our neighborhood, so let's go there
and have a chat over lunch. What do you think?
우리 동네에 있는 극장 앞에서 새로운 이탈리안 레스토랑을 찾았거든.
그러니까 거기 가서 점심 먹으면서 얘기 좀 하자. 어떻게 생각해?

That's a good idea. Truth be told,
I have something to tell you. Thanks to[4] your advice,
I have been able to improve my health.
좋은 생각이야. 사실은, 너에게 할 말이 있어. 네 충고 덕분에,
난 건강을 개선할 수 있었거든.

(English Grammar)

1. 전치사구 because of는 '～ 때문에', '～로 인하여'입니다. 같은 의미로 due to, owing to가 있어요.
2. 장소의 뜻을 갖는 전치사구 in front of는 '～앞에'의 뜻이에요. 전치사 before도 장소로 쓸 수 있어요.
3. 전치사구 instead of는 '～대신에', '～하기 보다는'의 의미로 뭔가를 선택해서 대체할 때 사용합니다.
4. 우리말 '～덕택으로', '～덕분에'를 영어로는 thanks to～처럼 표현해요. 전치사 to다음에 명사(구)가 나오죠.
5. 전치사구를 강조하고 싶으면 문장 앞으로 도치 시키면 됩니다.

▌(전치사구) **at the beginning of**

시간/때(~초에)

- I go to the farmer's market **at the beginning of** each week.
  나는 / 간다 / 농산물 직판장에 / 매주 초에
- The English class starts **at the beginning of** each month.
  영어 수업은 / 시작합니다 / 매달 초에

▌(전치사구) **in the middle of**

시간/때(~중에, 한창 ~중이라 바쁘다) / 장소(가운데에)

- I'm **in the middle of** making breakfast.
  나 / 한창 바빠 / 아침 식사 준비하느라
- I found a fallen phone **in the middle of** the street.
  나는 / 발견했어요 / 떨어진 전화기를 / 길 한복판에서

▌(전치사구) **at the end of**

시간/때(~의 말에) / 장소(~의 끝에)

- **At the end of** next month, he will be graduating from college.
  다음 달 말에 / 그는 / 졸업하고 있을 거야 / 대학을
- A delivery truck is parked **at the end of** the road.
  배달 트럭이 / 주차되어 있다 / 도로 끝에

▌(전치사구) **in spite of**

양보(~에도 불구하고)

- **In spite of** the traffic, we arrived at the meeting on time.
  교통 체중에도 불구하고 / 우리는 / 도착했다 / 회의에 / 제 시간에
- I like her **in spite of** her lack of interest in sports.
  나는 / 좋아해 / 그녀를 / 부족에도 불구하고 / 그녀의 관심 / 스포츠에 대한

 **대화 다지기**

Sam, did you enjoy the movie we saw together yesterday?
쌤, 어제 우리가 함께 본 영화는 재밌었어?

As a matter of fact, I almost fell asleep
at the beginning of[1] the movie because it was a little boring.
실은, 조금은 지루해서 영화 초반부에 거의 잠들 뻔 했어.

Well, I understand. But in the middle of[2][3] the movie,
things started to pick up.
이해돼. 하지만 영화 중간에, 상황이 호전되기 시작했잖아.

Yeah, that's right. The action scenes were so amazing.
응, 맞아. 액션 장면들이 정말 놀라웠어.

In spite of[5] its slow start, the movie was getting
interesting and exciting as it went on.
더딘 시작에도 불구하고, 뒤로 갈수록 그 영화는 점점 재미있어지고
흥미진진해졌어.

You hit it right. And at the end of[4] the movie,
I loved its last scene.
네 말이 맞아. 그리고 영화가 끝날 무렵, 마지막 장면이 너무 좋았어.

(English Grammar)

1. 전치사구 at the beginning of(~초에)에서 at the beginning는 바로 시작점을 뜻해요.
2. 전치사구 'in the middle of+명사/동명사'를 활용해서 '한창 ~중이라 바쁘다'의 뜻을 전달 할 수가 있어요.
3. 영어로 in the middle of the movie는 '영화 중간에'로 in the middle of는 '중간에', '가운데에'의 의미예요.
4. 시간/때를 나타날 때는 at the end of가 '~의 말에'이며, 장소일 때는 '~의 끝에'입니다.
5. 양보(~에도 불구하고)의 뜻으로 쓰이는 전치사구 is spite of 대신에 전치사 despite를 사용하기도 합니다.

(Check-Up)

01 아침에 운동하는 걸 좋아해.

    (a) I like exercising in the morning.

    (b) I like exercising on the morning.

    (c) I like exercising at the morning.

02 금요일 밤에 생일 파티를 열었어.

    (a) I had a birthday party with Friday night.

    (b) I had a birthday party behind Friday night.

    (c) I had a birthday party on Friday night.

03 우리 집에 놀러 와도 돼요.

    (a) You can come over to my place.

    (b) You can come over around my place.

    (c) You can come over among my place.

04 신용카드로 결제되나요?

    (a) Can I pay at a credit card?

    (b) Can I pay with a credit card?

    (c) Can I pay below a credit card?

05 난 그 제안에 반대해.

    (a) I'm for the proposal.

    (b) I'm against the proposal.

    (c) I'm with the proposal.

06 내 딸은 지난 달 이후부터 다이어트 중이었어.

(a) My daughter has been on a diet against last month.

(b) My daughter has been on a diet to last month.

(c) My daughter has been on a diet since last month.

07 그녀는 많은 압박을 받고 있어요.

(a) She is under a lot of pressure.

(b) She is for a lot of pressure.

(c) She is as a lot of pressure.

08 저녁 먹으면서 대화나 나눕시다.

(a) Let's have a talk from dinner.

(b) Let's have a talk over dinner.

(c) Let's have a talk to dinner.

09 악천후 때문에, 오늘은 운동하고 싶지 않아.

(a) Because that bad weather, I don't want to exercise today.

(b) Because of bad weather, I don't want to exercise today.

(c) Because bad weather, I don't want to exercise today.

10 아침 식사 준비하느라 한창 바빠.

(a) I'm at the middle of making breakfast.

(b) I'm on the middle of making breakfast.

(c) I'm in the middle of making breakfast.

정답 01 (a) 02 (c) 03 (a) 04 (b) 05 (b) 06 (c) 07 (a) 08 (b) 09 (b) 10 (c)

UNIT **09**

인생 영문법

[접속사]

(미리 엿보기)

[01-05] 각 단어들을 의미에 맞게 올바르게 나열해 보세요.

01 음주와 흡연은 우리 건강에 안 좋습니다.

for / smoking / are / drinking / health / bad / and / our

_____.

02 밖에 눈이 내리고 있어요, 그래서 저는 외출하고 싶지 않아요.

outside / so / out / go / snowing / is / it / I / want / don't / to

_____.

03 난 책 읽는 것과 영화 보는 거 둘 다 정말 좋아해.

both / watching / books / I / love / really / reading / movies / and

_____.

04 비록 우린 다르지만, 우리는 서로를 이해하려고 애씁니다.

each / try / although / we / different / to / other / are / understand / we

_____.

05 자유 시간이 좀 있으면 넌 보통 뭐 해?

when / some / you / have / normally / what / time / do / free / do / you

_____.

정답   01 Drinking and smoking are bad for our health.   02 It is snowing outside, so I don't want to go out.
03 I really love both reading books and watching movies.   04 Although we are different, we try to
understand each other.   05 What do you normally do when you have some free time?

접속사

접속사에는 단어와 단어, 구와 구, 절(주어+동사)과 절을 연결하는 등위접속사, 문장 흐름상 주축이 되는 내용과 그 문장을 따르는 다른 문장을 연결해 주는 종속접속사, 그리고 상관접속사가 있어요.

 문법 다지기

▌(등위접속사) **and**

and(그리고, ∼와)

- I usually have milk **and** bread for breakfast.
  저는 / 보통 / 먹어요 / 우유와 빵을 / 아침 식사로
- I work from home, **and** my brother works at a travel agency.
  난 / 재택근무하고 / 내 형은 / 일해 / 여행사에서

▌(등위접속사) **but**

but(그러나, ∼이지만)

- I like drinking, **but** I don't like smoking.
  나는 / 좋아해 / 술 마시는 걸 / 하지만 / 나는 / 안 좋아해 / 담배 피는 걸
- He's good at swimming, **but** his little sister isn't.
  그는 / 잘해요 / 수영을 / 그러나 / 그의 여동생은 / 못해요

▌(등위접속사) **or**

or(또는, 그렇지 않으면)

- Would you like coffee **or** tea?
  하시겠어요? / 커피 또는 차
- Hurry up, **or** you might be late for work.
  서둘러 / 그렇지 않으면 / 너 / 지각할 지도 몰라 / 회사에

According to the weather forecast,
it's going to be sunny for the weekend.
일기예보에 따르면, 주말에 날씨가 화창할 거야.

Yes, that's true. So should we go to
Seoul or[1,4] Busan on Saturday?
응, 맞아. 그럼 토요일에 서울이나 부산에 가는 게 좋을까?

Well, if we go to Busan, we can enjoy swimming
in the ocean and[1,2] doing various outdoor activities.
글쎄, 만약 우리가 부산에 간다면, 우리는 바다에서 수영하는 것과
다양한 야외 활동을 즐길 수 있어.

You're right. But[3] if we go to Seoul instead,
we'll be able to do a lot of window shopping.
네 말이 맞아. 하지만 대신 서울에 가면,
우리는 많은 윈도쇼핑을 할 수 있을 거야.

Hmm, I'll tell you what! How about going to Seoul on Saturday?
And[1,2] then we can go to Busan on the next day.
음, 이렇게 하자! 토요일에 서울 가는 게 어때? 그리고 나서 우리 그 다음날 부산에 갈 수 있어.

Let me check my schedule first.
우선 내 스케줄을 확인해 볼게.

(English Grammar)

1 등위접속사 and, but, or은 단어와 단어, 구와 구, 문장과 문장을 대등하게 연결해주는 역할을 합니다.

2 등위접속사 and의 기본 뜻은 '그리고', '~와(과)'로 and는 앞과 뒤의 같은 문장 구조를 가져요.

3 등위접속사인 but은 '그러나', '~이지만'의 뜻이지만 전치사로 쓰일 경우는 '~을 제외하고'입니다.

4 등위접속사 or의 뜻은 '또는'으로 둘 중에 하나를 선택할 때 A or B의 구조로 말합니다.

5 등위접속사 or에는 '그렇지 않으면'의 뜻이 있어 명령문과 함께 쓰이면 조건의 의미가 됩니다.

문법 다지기

▌ (등위접속사) **for**

for(왜냐하면)

- I woke up early in the morning, **for** I had to take a business trip.
  나는 / 일어났어 / 아침 일찍 / 왜냐하면 / 난 / 가야만 했어 / 출장을
- She had to see a doctor, **for** she caught a cold.
  그녀는 / 진찰을 받아야만 했다 / 왜냐하면 / 그녀는 / 걸렸다 / 감기에

▌ (등위접속사) **SO**

so(그래서, 그러므로)

- I'm not feeling good today, **so** I need to get some rest.
  나는 / 몸 상태가 안 좋아 / 오늘 / 그래서 / 난 / 취해야 돼 / 휴식 좀
- It is raining outside, **so** we're going to stay home today.
  비가 오고 있어요 / 밖에 / 그러므로 / 우리는 / 머무를 거예요 / 집에 / 오늘은

Did you go on a trip with your friend yesterday, Robert?
로버트, 어제 친구랑 여행 갔어요?

No, we didn't. We had to cancel it,
for[1][2][3] it rained a lot yesterday.
아니요, 안 갔어요. 취소해야만 했어요. 왜냐하면 어제 비가 많이 왔거든요.

Oh, I'm sorry to hear that.
What did you end up doing with him instead?
오, 안됐군요. 대신에 그와 뭘 하게 되었나요?

He wanted to watch a performance,
so[4][5] we went downtown.
그 친구가 공연 보기를 원했어요. 그래서 우린 시내에 갔죠.

How was the performance?
Did you both enjoy it?
공연은 어땠어요? 두 분 다 즐겁게 관람하셨나요?

It was much more exciting than we expected.
우리가 예상했던 것보다 훨씬 더 흥미로웠어요.

(English Grammar)

[1] 등위접속사로 for를 사용할 때는 앞과 뒤에 절(주어+동사)의 구조가 나와야 합니다.

[2] 등위접속사로 for는 '왜냐하면'의 뜻으로 추가적인 이유를 표시해 줍니다.

[3] 등위접속사로 for로 두 문장이 연결될 경우 등위접속사 for 앞에 콤마(,)가 나와요.

[4] 등위접속사 so는 '그래서', '그러므로'의 뜻을 가지고 있어요.

[5] 등위접속사 so로 연결될 경우 주절에는 원인이 나오고 등위접속사 so 다음에는 결과의 뜻이 옵니다.

문법 다지기

▌ (상관접속사) **both ~ and**

both A and B(A와 B둘 다, A뿐만 아니라 B도)

- This book is **both** informative **and** interesting.
  이 책은 / 유익하면서도 / 재미있다
- The hotel room is **both** comfortable **and** spacious.
  그 호텔 방은 / 편안할 뿐만 아니라 / 넓어요

▌ (상관접속사) **either ~ or**

either A or B(A와 B 둘 중에 하나, A이든 B이든)

- You can pay **either** in cash **or** by credit card.
  당신은 / 계산할 수 있어요 / 현금과 / 카드 둘 중에 하나로
- We need to leave **either** today **or** tomorrow.
  우리는 / 떠나야 해요 / 오늘이든 / 내일이든

▌ (상관접속사) **neither ~ nor**

neither A nor B(A도 B도 아닌)

- I like **neither** coffee **nor** tea.
  나는 / 좋아하지 않아 / 커피도 차도
- **Neither** Tony **nor** Jenny wants to go to the beach.
  토니도 / 제니도 / 원치 않아요 / 가기를 / 해변에

▌ (상관접속사) **not only ~ but also**

not only A but also B(A뿐만 아니라 B 역시)

- I can speak **not only** English **but also** Japanese.
  저는 / 구사할 수 있어요 / 영어뿐만 아니라 / 일본어 역시
- **Not only** my little sister **but also** I am excited to travel together.
  내 여동생뿐만 아니라 / 나 역시 / 흥분돼 / 여행하게 되어서 / 함께

What do you like to do in your free time?
넌 자유시간에 뭐 하는 거 좋아해?

I like both shopping and[1] cooking. And you?
쇼핑하는 것과 요리하는 것 둘 다 좋아해. 너는?

Well, I like neither cooking nor[3] shopping,
but I enjoy either traveling or[2] reading in my leisure time.
Do you like traveling?
글쎄, 난 요리하는 것도 쇼핑하는 것도 좋아하지 않지만,
여가시간에 여행을 하거나 독서하는 걸 즐기는 편이야. 여행하는 거 좋아하니?

You bet, I do. It is not only exciting
but also[4] a great way to learn about different cultures.
당연히 좋아하지. 여행은 흥미로울 뿐만 아니라
다른 문화에 대해 배울 수 있는 좋은 방법이기도 해.

Oh, that's good to know.
Then let's travel together some day.
오, 그렇다면 다행이야. 그럼 언젠가 같이 여행가자.

That sounds great.
Let me know when you're free.
좋아. 시간나면 알려줘.

(English Grammar)

1. 상관접속사 both A and B는 'A와 B둘 다', 'A뿐만 아니라 B도'의 의미예요.
2. 상관접속사 either A or B는 'A와 B 둘 중에 하나', 'A든지 B든지'의 뜻이에요.
3. 상관접속사 neither A nor B는 'A도 B도 아닌'으로 부정적인 의미를 가집니다.
4. 상관접속사 not only A but also B는 'A뿐만 아니라 B 역시'라는 뜻으로 쓰입니다.
5. 상관접속사 not only A but also B에서 동사는 B에 나오는 명사나 대명사와 수의 일치를 합니다.

▌(명사절 접속사) **that**

that(~한 것은)

- It is true **that** he is honest.
  사실이다 / 그가 / 정직하다는 것은
- **That** I have to follow traffic rules is essential.
  내가 / 따라야 한다는 것은 / 교통 규칙을 / 매우 중요하다

▌(명사절 접속사) **whether** / **whether ~ or not**

whether(~인지 아닌지) / whether ~ or not(~인지 아닌지)

- The question is **whether** we can get there on time.
  의문은 / 우리가 / 도착할 수 있을지 아닐지야 / 그곳에 / 제때에
- **Whether** that story is true **or not** is not important.
  그 이야기가 / 사실인지 아닌지는 / 중요하지 않아요

▌(명사절 접속사) **if**

if(~인지 아닌지)

- I'm wondering **if** you have other plans.
  나는 / 궁금해 / 네가 / 있는지 아닌지 / 선약이
- We would like to know **if** you're interested in history.
  우리는 / 알고 싶어요 / 당신이 / 관심 있는지 아닌지 / 역사에

I'm unsure **whether**[4] I should attend
Jack's housewarming party today.
오늘 잭 집들이에 참석해야 할지 말아야 할지 확신이 안 들어요.

Why not? What's wrong?
왜 안 되죠? 뭐가 잘못됐나요?

I'm not feeling well today,
and I don't know **if**[5] I'll enjoy myself.
오늘 몸 상태가 안 좋고, 그리고 즐거울지 모르겠어요.

Oh, I see. Then you might be better off
getting some rest at home.
오, 그렇군요. 그럼 집에서 좀 쉬는 게 더 나을 것 같네요.

I know, but the thing is **that**[2] he invited me personally
and I don't want to disappoint him.
저도 알아요, 하지만 문제는 그가 저를 개인적으로 초대했다는 거예요.
그리고 그를 실망시키고 싶지 않거든요.

Although you can't make it, he'll understand.
비록 당신이 못 가더라도, 그는 이해할 겁니다.

(English Grammar)

1 주어 자리에 온 that 이하 문장이 길면 주어와 본동사를 구별하기 쉽지 않기에 뒤로 도치시킵니다.
2 명사절 접속사 that으로 연결되는 문장은 글 흐름상 주어 자리, 보어 자리 또는 목적어 자리에 나옵니다.
3 명사절 접속사인 whether를 부사절 접속사로 사용할 때는 생략해도 다른 문장에 영향을 주지 않아요.
4 명사절 접속사로 쓰인 whether는 '~인지 아닌지'로 보통 whether A or B의 구조로도 자주 사용됩니다.
5 명사절 접속사인 if는 '~인지 아닌지'의 의미로 쓰이며 바로 뒤에 '주어+동사'처럼 절의 구조가 나와요.

▌(부사절 접속사) although / even though

although(비록 ～일지라도, 비록 ～지만) / even though(비록 ～일지라도, 비록 ～지만)

- **Although** I was tired, I had to work overtime to meet the deadline.
  비록 / 내가 / 피곤했지만 / 난 / 야근을 해야만 했다 / 맞추기 위해 / 마감 기간을
- **Even though** he studied hard, he failed the test.
  비록 / 그가 / 공부했지만 / 열심히 / 그는 / 떨어졌다 / 시험에서

▌(부사절 접속사) if / unless

if(만약 ～한다면) / unless(～이 아니라면, ～하지 않는다면)

- **If** it rains today, I will cancel my appointment.
  만약 / 비 온다면 / 오늘 / 난 / 취소할 거야 / 내 약속을
- We will go hiking tomorrow, **unless** it rains.
  우리는 / 하이킹 할 거예요 / 내일 / 비가 오지 않는다면

▌(부사절 접속사) once / as soon as

once(일단 ～하면, ～하자마자) / as soon as(～하자마자)

- **Once** I arrive at the airport, I need to check in.
  일단 / 내가 / 도착하면 / 공항에 / 나는 / 해야 한다 / 탑승 수속을
- **As soon as** the rain stops, I will ride a bike.
  비가 / 그치자마자 / 나는 / 탈거예요 / 자전거를

▌(부사절 접속사) so that / so ~ that

so that(～하기 위해서) / so ~ that(너무 ～해서 ――하다)

- We need to hurry **so that** we can get there on time.
  우리는 / 서둘러야 해요 / 우리가 / 도착하기 위해 / 그곳에 / 제 시간에
- The weather was **so** cold **that** we decided to stay indoors.
  날씨가 / 너무 추웠기에 / 우리는 / 결정했다 / 실내에 머물기로

Hi there! What do you do for fun?
안녕! 취미가 뭐야?

I enjoy playing tennis, although[1]
I'm not able to do it quite often these days. And you?
비록 요즘에는 꽤 자주 할 수는 없지만, 테니스 치는 걸 즐겨. 넌 어때?

If[2] I have some free time,
I usually go for a jog in the park to stay healthy.
만약 자유 시간이 좀 있다면, 보통 건강 유지하기 위해 공원에서 조깅해.

That's cool. Jogging in the park can be refreshing.
멋지네. 공원에서 조깅하는 게 기운 나게 해 줄 수 있지.

Exactly. Once[3] the weather gets warm,
I try to jog around the park for at least an hour.
맞아. 일단 날씨가 따뜻해지면, 적어도 한 시간 동안 공원 주위를 조깅하려고 애써.

That's great. As soon as[4] the weather gets better,
I'd love to join you for a jog.
잘됐네. 날씨가 좋아지자마자, 나도 너랑 같이 정말 조깅하고 싶어.

We need to schedule a date that works for both of us
so that[5] we can go for a jog together.
함께 조깅하러가기 위해서는 우리 둘에게 맞는 날짜를 잡아야 해.

(English Grammar)

1 부사절 접속사 although는 부정문에서 사용할 수 있지만 even though를 부정문에서는 사용하지 않아요.
2 부사절 접속사인 if는 '만약 ~한다면'이고 unless는 '~이 아니라면', '~하지 않는다면'의 뜻으로 쓰입니다.
3 영어에서 once가 접속사로 쓰이면 '일단 ~하면', '~하자마자'의 뜻처럼 조건을 나타내게 됩니다.
4 문장에서 as soon as는 '~하자마자'로 의미로 시간의 부사절을 이끄는 접속사예요.
5 보통 'so that 주어+can(could)' 구조를 취하며 의미는 '~하기 위해서'처럼 목적이 돼요.

▍(부사절 접속사) **because** / **since**

because(~ 때문에) / since(~이후로, ~ 때문에)

- I don't like her **because** she's so picky.
  나는 / 안 좋아해 / 그녀를 / 그녀가 / 너무 까다롭기 때문에
- I have been feeling less stressed **since** I exercised regularly.
  난 / 덜 느끼고 있었다 / 스트레스를 / 내가 / 운동을 한 이후로 / 규칙적으로

▍(부사절 접속사) **while** / **until**

while(~동안에, 반면에) / until(~할 때까지)

- I love cooking **while** my little sister loves shopping.
  저는 / 너무 좋아해요 / 요리하는 걸 / 반면에 / 제 여동생은 / 너무 좋아해요 / 쇼핑하는 걸
- Can you wait here **until** I get off work?
  기다려줄래요? / 여기서 / 내가 / 퇴근할 때까지

▍(부사절 접속사) **when** / **before**

when(~할 때) / before(~하기 전에)

- **When** I feel depressed, I normally go out and take a walk.
  내가 / 느낄 때 / 우울함을 / 난 / 보통 / 나가서 / 산책해
- I had lived in Seattle **before** I moved to New York.
  나는 / 살았었어 / 시애틀에서 / 내가 / 이사하기 전에 / 뉴욕으로

I'm so burned out today.
저는 오늘 너무 지쳤어요.

What's wrong?
왜 그래요?

I couldn't get enough sleep because[3]
I had some trouble sleeping last night.
어젯밤 잠자는데 어려움이 좀 있어서 충분히 못 잤거든요.

I hear you. Then when[4] you have your lunch break,
you should take a nap for a moment.
이해가 되네요. 그러면 점심시간이 되면, 잠깐 낮잠을 취해 보세요.

I wish I could, but I can't.
I have to finish my weekly report before[4][5] I get off work.
저도 그러고 싶지만, 그럴 수가 없어요. 퇴근하기 전에 주간 보고서를 끝내야 해요.

Don't worry. I can give you a hand with it while[2]
I'm at work. Since[1][5] you helped me with mine yesterday,
I owe you one.
걱정 말아요. 제가 일하는 동안 보고서 작성하는 걸 도와드릴 수 있어요.
당신이 어제 제 보고서 작성을 도와줬기 때문에, 제가 신세를 크게 졌어요.

That's very kind of you.
정말 고마워요.

(English Grammar)

1　접속사로 since를 두 가지로 활용할 수 있는데요, '~이후로'처럼 시점이나 '~ 때문에'처럼 이유로 말입니다.
2　부사절 접속사인 while에는 '~동안에'의 뜻 외에도 '반면에'라는 의미도 내포되었어요.
3　부사절 접속사 because는 '~ 때문에'로 뜻으로 '주어+동사'처럼 절의 구조를 취해요.
4　시간의 뜻을 갖는 접속사 when은 '~할 때'이고, 접속사로 before는 '~하기 전에'입니다.
5　영어에서 since와 before는 접속사외에도 시점을 나타내는 전치사 역할을 합니다.

(Check-Up)

01 보통 아침 식사로 우유와 빵을 먹어요.

   (a) I usually have milk or bread for breakfast.

   (b) I usually have milk but bread for breakfast.

   (c) I usually have milk and bread for breakfast.

02 커피 또는 차 드시겠어요?

   (a) Would you like coffee nor tea?

   (b) Would you like coffee and tea?

   (c) Would you like coffee or tea?

03 오늘은 몸 상태가 안 좋아, 그래서 휴식 좀 취해야겠어.

   (a) I'm not feeling good today, once I need to get some rest.

   (b) I'm not feeling good today, so I need to get some rest.

   (c) I'm not feeling good today, for I need to get some rest.

04 이 책은 유익하면서도 재미있어.

   (a) This book is both informative and interesting.

   (b) This book is both informative nor interesting.

   (c) This book is both informative or interesting.

05 현금과 카드 둘 중에 하나로 계산할 수 있어요.

   (a) You can pay either in cash and by credit card.

   (b) You can pay either in cash but also by credit card.

   (c) You can pay either in cash or by credit card.

06 그가 정직하다는 것은 사실이다.

(a) It is true while he is honest.

(b) It is true that he is honest.

(c) It is true since he is honest.

07 비록 그가 열심히 공부했지만, 그는 시험에서 떨어졌어.

(a) Even though he studied hard, he failed the test.

(b) Whether he studied hard, he failed the test.

(c) Before he studied hard, he failed the test.

08 비가 그치자마자, 자전거를 탈거예요.

(a) Although the rain stops, I will ride a bike.

(b) Unless the rain stops, I will ride a bike.

(c) As soon as the rain stops, I will ride a bike.

09 그녀가 너무 까다롭기 때문에 그녀를 안 좋아해.

(a) I don't like her if she's so picky.

(b) I don't like her even though she's so picky.

(c) I don't like her because she's so picky.

10 우울할 때, 보통 나가서 산책해.

(a) When I feel depressed, I normally go out and take a walk.

(b) Why I feel depressed, I normally go out and take a walk.

(c) Where I feel depressed, I normally go out and take a walk.

정답 01 (c) 02 (c) 03 (b) 04 (a) 05 (c) 06 (b) 07 (a) 08 (c) 09 (c) 10 (a)

UNIT 10

[관계대명사]

(미리 엿보기)

[01-05] 각 단어들을 의미에 맞게 올바르게 나열해 보세요.

01 저는 덴버에 사는 친구가 있어요.
Denver / I / who / have / lives / a / friend / in

_____.

02 나는 매우 빠른 새 차를 샀어.
bought / fast / which / I / car / very / new / a / is

_____.

03 머리가 짧은 소년은 노래하는 걸 정말 좋아해요.
whose / sing / is / the / loves / hair / boy / short / to

_____.

04 내가 오늘 아침에 만났던 그 여자는 매우 친절했어.
whom / friendly / I / woman / the / very / was / morning / this / met

_____.

05 봄은 잭이 가장 좋아하는 계절이에요.
most / the / Jack / that / spring / the / likes / season / is

_____.

관계대명사

두 문장을 연결해 주는 접속사 역할과 공통적으로 나온 명사를 대신에 주는 대명사 역할을 동시에 하는 게 관계대명사입니다. 관계대명사로 이하의 문장은 바로 앞에 나온 명사를 수식해 주는 형용사절 역할을 해요.

 문법 다지기

▌ (주격) who, which, that

who(선행사는 사람)

- I know **Sam. He** is an engineer.
  나는 / 잘 알아 / 쌤을 / 그는 / 엔지니어야

- I know **Sam and he** is an engineer.
  나는 / 잘 알아 / 쌤을 / 그리고 / 그는 / 엔지니어야

- I know Sam **who** is an engineer.
  나는 / 잘 알아 / 쌤을 / 엔지니어인

which(선행사는 사물)

- Tony works at a **travel agency. It** is located in Chicago.
  토니는 / 근무해요 / 여행사에서 / 그것은 / 위치해 있어요 / 시카고에

- Tony works at a **travel agency and it** is located in Chicago.
  토니는 / 근무해요 / 여행사에서 / 그리고 / 그것은 / 위치해 있어요 / 시카고에

- Tony works at a travel agency **which** is located in Chicago.
  토니는 / 근무해요 / 여행사에서 / 위치해 있는 / 시카고에

that(선행사는 사람, 사물)

- We take a walk in the **park. It** is in our neighborhood.
  우리는 / 산책해 / 공원에서 / 그것은 / 있어 / 우리 동네에

- We take a walk in the **park and it** is in our neighborhood.
  우리는 / 산책해 / 공원에서 / 그리고 / 그것은 / 있어 / 우리 동네에

- We take a walk in the park **that** is in our neighborhood.
  우리는 / 산책해 / 공원에서 / 있는 / 우리 동네에

Hey, Peter. You wanted to move to a place
that[2 5] is close to your work, right?
이봐, 피터. 넌 직장에서 가까운 곳으로 이사하고 싶었잖아, 맞지?

Yeah, you're right.
So I've been trying to find a studio apartment to
live in that[2 5] is near my new office building.
응, 맞아. 그래서 내 신사옥 근처에 살만한 원룸을 찾으려고 했었어.

Have you had any luck finding a good one you like?
운 좋게도 마음에 드는 괜찮은 곳을 찾았던 거야?

I saw a couple of places behind my office
and they were nice, but it was so difficult to
find a place which[2 3 4] caught my attention.
내 사무실 뒤에서 몇 군데를 봤는데 괜찮았어.
하지만 내 관심을 끌만한 장소를 찾기가 너무 힘들었어.

Oh, that's too bad. Well, Peter, I'll tell you what.
I have a close friend who[2 4] works as a real estate agent in
my neighborhood, and I'm sure she'll be able to assist you
in finding the place that[2 5] meets your needs.
오, 유감이야. 음, 피터, 이렇게 하자. 우리 동네에서 부동산 중개인으로 일하는 친한 친
구가 있어. 그 친구가 네 입맛에 딱 맞는 장소를 찾는데 확실히 도움을 줄 수 있을 거야.

That sounds great. Anyway, thanks for your help.
그거 괜찮네. 아무튼, 도와줘서 고마워.

(English Grammar)

1 관계대명사 앞에 나오는 명사를 선행사라 합니다.
2 주격 관계대명사 who, which 그리고 that로 연결되는 다음 문장은 구조상 완벽하지 않아요.
3 주격 관계대명사 which 이하는 앞에 온 명사 place(선행사)를 수식해주는 형용사절 역할을 해요.
4 주격 관계대명사 who는 선행사로 앞에 사람이 오며, which 앞에는 선행사로 사물이 나오게 됩니다.
5 선행사가 사람이든 사물이든 상관없이 주격 관계대명사 that으로 두 문장을 연결할 수 있어요.

▌(소유격) whose

whose(뒤에 오는 명사를 수식)

- I like **Jack**. **His** smile makes me happy.
  나는 / 좋아해 / 잭을 / 그의 미소는 / 만들어 / 날 / 행복하게

- I like **Jack and his** smile makes me happy.
  나는 / 좋아해 / 잭을 / 그리고 / 그의 미소는 / 만들어 / 날 / 행복하게

- I like Jack **whose** smile makes me happy.
  나는 / 좋아해 / 잭을 / 그의 미소가 / 만들어 / 날 / 행복하게

▌(목적격) whom, which, that

whom(선행사는 사람)

- I have a **boyfriend**. I met **him** at a party.
  나는 / 있어 / 남자 친구가 / 나는 / 만났어 / 그를 / 파티에서

- I have a **boyfriend and** I met **him** at a party.
  나는 / 있어 / 남자 친구가 / 그리고 / 나는 / 만났어 / 그를 / 파티에서

- I have a boyfriend **whom** I met at a party.
  나는 / 있어 / 남자 친구가 / 내가 / 만났던 / 파티에서

which(선행사는 사물) / that(선행사는 사람, 사물)

- I bought my son a **smartphone**. He was dying to have **it**.
  나는 / 사줬어 / 내 아들에게 / 스마트폰을 / 그 애는 / 몹시 가지고 싶어했어 / 그것을

- I bought my son a **smartphone and** he was dying to have **it**.
  나는 / 사줬어 / 내 아들에게 / 스마트폰을 / 그리고 / 그 애는 / 몹시 가지고 싶어했어 / 그것을

- I bought my son a smartphone **which** he was dying to have.
  나는 / 사줬어 / 내 아들에게 / 스마트폰을 / 그 애가 / 몹시 가지고 싶어했던

- I bought my son a smartphone **that** he was dying to have.
  나는 / 사줬어 / 내 아들에게 / 스마트폰을 / 그 애가 / 몹시 가지고 싶어했던

I love listening to music. How about you, Brad?
음악 듣는 게 너무 좋아. 넌 어때, 브래드?

So do I. I'm a big fan of music.
What kind of music do you like?
나도 마찬가지야. 음악을 아주 좋아해. 어떤 종류의 음악을 좋아하는 거야?

Well, I'm into K-pop music. There's a female singer
that[4][5] I'm obsessed with, whose[1][2] new album
came out a couple of days ago.
글쎄, 케이팝 음악에 푹 빠져있어. 내가 집착하고 있는 여성 가수가 있는데,
그녀의 새 앨범이 며칠 전에 발매 됐거든.

Cool. Can you be more specific?
그거 잘됐다. 좀 더 구체적으로 말해줄래?

Of course. Her name is Ailee, and she has an amazing voice.
물론이지. 그녀의 이름은 에일리이고, 그녀는 놀라운 목소리를 가지고 있어.

I couldn't agree more.
Ailee is a great singer whom[3] most Korean people like,
and I've heard some of her songs before.
전적으로 동의해. 에일리는 대부분의 한국 사람들이 좋아하는 훌륭한 가수고,
난 전에 그녀의 노래를 몇 곡 들어 본 적이 있어.

(English Grammar)

1. 소유격 관계대명사 whose는 '~의 것'의 뜻입니다.
2. 선행사가 사람이든 사물이든 상관없이 소유격 관계대명사 whose로 두 문장을 연결할 수 있어요.
3. 선행사가 사람일 때는 목적격 관계대명사 whom를 사용하지만 때로는 whom대신에 who를 쓰기도 해요.
4. 목적격 관계대명사로 쓰이는 that은 앞에 오는 선행사가 사람이나 사물일 때 사용합니다.
5. 목적격 관계대명사로 쓰이는 that은 앞에 오는 선행사를 꾸며주는 형용사절 역할을 합니다.

(Check-Up)

01   나는 엔지니어인 쌤을 잘 알아.

     (a) I know Sam who is an engineer.

     (b) I know Sam whose is an engineer.

     (c) I know Sam whom is an engineer.

02   토니는 여행사에서 근무하고 그 회사는 시카고에 위치해 있어요.

     (a) Tony works at a travel agency or it is located in Chicago.

     (b) Tony works at a travel agency and it is located in Chicago.

     (c) Tony works at a travel agency but it is located in Chicago.

03   토니는 시카고에 위치해 있는 여행사에서 근무해요.

     (a) Tony works at a travel agency who is located in Chicago.

     (b) Tony works at a travel agency whom is located in Chicago.

     (c) Tony works at a travel agency which is located in Chicago.

04   우리는 동네에 있는 공원에서 산책해.

     (a) We take a walk in the park who is in our neighborhood.

     (b) We take a walk in the park whose is in our neighborhood.

     (c) We take a walk in the park that is in our neighborhood.

05   나는 잭을 좋아하고 그의 미소는 날 행복하게 만들어.

     (a) I like Jack and his smile makes me happy.

     (b) I like Jack and he smile makes me happy.

     (c) I like Jack and him smile makes me happy.

06 나는 잭을 좋아하는데 그의 미소가 날 행복하게 만들어.

  (a) I like Jack that smile makes me happy.
  (b) I like Jack whose smile makes me happy.
  (c) I like Jack whom smile makes me happy.

07 난 남자 친구가 있고 그를 파티에서 만났어.

  (a) I have a boyfriend but I met him at a party.
  (b) I have a boyfriend or I met him at a party.
  (c) I have a boyfriend and I met him at a party.

08 난 파티에서 만났던 남자 친구가 있어.

  (a) I have a boyfriend whom I met at a party.
  (b) I have a boyfriend whose I met at a party.
  (c) I have a boyfriend which I met at a party.

09 나는 그 애가 몹시 가지고 싶어했던 스마트폰을 내 아들에게 사줬어.

  (a) I bought my son a smartphone which he was dying to have.
  (b) I bought my son a smartphone whose he was dying to have.
  (c) I bought my son a smartphone whom he was dying to have.

10 나는 그 애가 몹시 가지고 싶어했던 스마트폰을 내 아들에게 사줬어.

  (a) I bought my son a smartphone who he was dying to have.
  (b) I bought my son a smartphone that he was dying to have.
  (c) I bought my son a smartphone whose he was dying to have.

정답 01 (a) 02 (b) 03 (c) 04 (c) 05 (a) 06 (b) 07 (c) 08 (a) 09 (a) 10 (b)

UNIT 11

to + verb
subject
· verb··
adj. ~ing··
I am··

인생
영문법

[관계부사]

[01-05] 각 단어들을 의미에 맞게 올바르게 나열해 보세요.

01 이 곳이 내가 태어나고 자랐던 곳이야.

where / I / place / was / and / this / the / raised / born / is

_____.

02 처음 짐을 만났던 날을 까먹었어.

the / I / day / first / I / when / Jim / met / forgot

_____.

03 그게 제가 매일 운동해야 할 이유입니다.

every / that / is / why / reason / have / I / exercise / to / day / the

_____.

04 그가 어떻게 그 문제를 해결했었는지 그는 설명했다.

he / problem / explained / he / how / solved / the / had

_____.

05 영어 회화 능력을 향상시킬 수 있는 방법을 알려줄래요?

English / can / improve / you / speaking / tell / I / me / my / skills / how / can

_____.

정답   01 This is the place where I was born and raised.   02 I forgot the day when I first met Jim.
03 That is the reason why I have to exercise every day.   04 He explained how he had solved the
problem.   05 Can you tell me how I can improve my English speaking skills?

관계부사

관계부사는 두 문장을 연결해주는 접속사 역할을 하면서 동시에 부사의 기능도 가집니다. 관계부사로는 '장소(where)', '때(when)', '이유(why)', '방법(how)'이 있고 '전치사+관계대명사'를 관계부사로 표현할 수 있어요.

📖 **문법 다지기**

▌where

전치사(at)+관계대명사(which) = 관계부사 where(거기에서)

- This is **the gym**. I normally work out at **the gym**.
  이곳이 / 그 헬스장이에요 / 저는 / 보통 / 운동해요 / 그 헬스장에서

- This is **the gym**, **and** I normally work out **there**.
  이곳이 / 그 헬스장이에요 / 그리고 / 저는 / 보통 / 운동해요 / 그곳에서

- This is the gym **at which** I normally work out.
  이곳이 / 그 헬스장이에요 / 거기에서 / 저는 / 보통 / 운동해요

- This is the gym **where** I normally work out.
  이곳이 / 그 헬스장이에요 / 거기에서 / 저는 / 보통 / 운동해요

I'm planning to go on vacation this month.
이번 달에 휴가를 갈 계획이에요.

Oh, that sounds interesting! Have you decided on
a specific country like Hawaii or Singapore?
와, 재미있겠는데요! 하와이나 싱가포르 같은 구체적인 나라를 결정했어요?

I'm thinking of going to Hawaii
where[1][2][5] I've always wanted to visit.
늘 방문하고 싶었던 하와이에 갈 생각이에요.

Sounds great! What makes Hawaii
so appealing to you?
괜찮네요! 하와이를 그렇게 매력적으로 만드는 게 뭐죠?

Well, Hawaii is the perfect destination
where[1][2][3] I can go scuba diving or
enjoy outdoor activities on the beach.
글쎄요, 하와이는 제가 스쿠버 다이빙을 하거나
해변에서 야외 활동을 즐길 수 있는 완벽한 여행지거든요.

Yes, that's true.
네, 그건 사실이에요.

(English Grammar)

[1] 관계부사로 where(장소)는 '전치사+관계대명사(which)'를 합친 거예요.
[2] 관계부사 where는 앞에 선행사로 Hawaii와 destination(목적지)처럼 장소의 뜻을 갖는 명사가 옵니다.
[3] 뒤에 온 전치사를 관계대명사 앞으로 도치가능하며 '전치사+관계대명사'를 관계부사로 줄여서 표현해요.
[4] 어떤 관계부사를 사용해야 할지는 두 문장에서 공통적으로 겹치는 단어에 의해 결정됩니다.
[5] I'm thinking of going to Hawaii and I've always wanted to visit there.처럼 두 문장으로 말하기도
해요.

when

전치사(in)+관계대명사(which) = 관계부사 when(그때에)

- **October** is the month. I like to travel with some friends in **October**.
  10월은 / 달입니다 / 제가 / 좋아합니다 / 여행하는 것을 / 몇몇 친구들과 / 10월에

- **October** is the month, **and** I like to travel with some friends **then**.
  10월은 / 달입니다 / 그리고 / 제가 / 좋아합니다 / 여행하는 것을 / 몇몇 친구들과 / 그때에

- October is the month **in which** I like to travel with some friends.
  10월은 / 달입니다 / 그때에 / 제가 / 좋아합니다 / 여행하는 것을 / 몇몇 친구들과

- October is the month **when** I like to travel with some friends.
  10월은 / 달입니다 / 그때에 / 제가 / 좋아합니다 / 여행하는 것을 / 몇몇 친구들과

why

전치사(for)+관계대명사(which) = 관계부사 why(그 때문에)

- There is a **reason**. I need to learn to drive for **the reason**.
  있어 / 이유가 / 나는 / 배워야 해 / 운전하는 걸 / 그 이유 때문에

- There is a **reason**, **and** I need to learn to drive for **the reason**.
  있어 / 이유가 / 그리고 / 나는 / 배워야 해 / 운전하는 걸 / 그 이유 때문에

- There is a reason **for which** I need to learn to drive.
  있어 / 이유가 / 내가 / 배워야 하는 / 운전하는 걸

- There is a reason **why** I need to learn to drive.
  있어 / 이유가 / 내가 / 배워야 하는 / 운전하는 걸

How's your English coming along?
영어 공부는 잘 돼가?

It's getting better, thanks for asking.
You know what? I'm thinking about the time
when[2] I first started to learn English conversation.
점점 나아지고 있어, 물어봐줘서 고마워. 있잖아? 영어 회화를 처음 배우기
시작했을 때를 생각하고 있어.

Oh, really? What was it like?
오, 그래? 어땠는데?

It was tough at first, but back then,
I didn't worry about making mistakes in speaking English.
처음에는 힘들었어, 하지만 그 당시에는, 영어를 말할 때 실수하는 건 걱정 안했거든.

There must be a reason why[2][3][4] you seem
so confident and fluent now.
네가 지금 그렇게 자신감 있고 유창해 보이는 이유가 틀림없이 있구나.

Well, I'm so flattered.
너무 비행기 태우지 마.

(English Grammar)

1 관계부사로 when(시간)과 why(이유)가 있어요.
2 관계부사 when 앞에 선행사로 time이 나왔고, why 앞에는 reason가 왔습니다.
3 관계부사 why가 필요할 때는 선행사 자리에 이유에 해당되는 말이 나오게 됩니다.
4 전치사(for)와 관계대명사(which)를 관계부사 why로 간단하게 바꿔 사용할 수 있어요.
5 '전치사+관계대명사'를 간단하게 표현하고 싶을 때 관계부사가 필요해요.

how

관계부사 how(그 방식으로, 어떻게)

- This is **the way**. I lost a lot of weight in **that way**.
  이게 / 그 방법이에요 / 저는 / 뺐어요 / 많은 살을 / 그 방법으로

- This is **the way**, **and** I lost a lot of weight in **that way**.
  이게 / 그 방법이에요 / 그리고 / 저는 / 뺐어요 / 많은 살을 / 그 방법으로

- This is **the way** (that) I lost a lot of weight.
  이게 / 그 방법이에요 / 제가 / 뺐던 / 많은 살을

- This is **how** I lost a lot of weight.
  이게 / 방법이에요 / 제가 / 뺐던 / 많은 살을

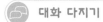

Do you remember how[1][3][4][5] we met?
우리가 어떻게 만났는지 기억해?

Sure, I do! We met at Jack's birthday party.
당연하지! 우리 잭 생일 파티에서 만났잖아.

It's been two years since that party where we met.
우리가 만난 그 파티 이후로 2년이 흘러갔어.

Time goes so fast, doesn't it?
I'm so glad we hit it off that night.
시간이 참 빠르네, 안 그래?
그날 밤 우리가 서로 잘 통했던 게 너무 좋아.

We spent the whole night chatting and laughing.
밤새 수다 떨고 웃고 그랬지.

Those were the days.
그때가 좋았어.

(English Grammar)

1 관계부사로 how는 '방법'을 뜻해요.
2 관계부사로 사용되는 how가 때로는 의문사로도 쓰여요.
3 관계부사 how에는 '그 방식으로' 또는 '어떻게'의 뜻이 담겨 있어요.
4 선행사 the way와 관계부사 how는 함께 사용할 수 없습니다.
5 두 문장을 관계부사 how로 연결할 때는 how 앞에 오는 선행사(the way)가 생략됩니다.

01 이곳이 그 헬스장이고 나는 보통 그곳에서 운동해요.

    (a) This is the gym, or I normally work out there.

    (b) This is the gym, and I normally work out there.

    (c) This is the gym, but I normally work out there.

02 이곳이 내가 보통 운동하는 그 헬스장이에요.

    (a) This is the gym on which I normally work out.

    (b) This is the gym by which I normally work out.

    (c) This is the gym at which I normally work out.

03 이곳이 내가 보통 운동하는 그 헬스장이에요.

    (a) This is the gym where I normally work out.

    (b) This is the gym when I normally work out.

    (c) This is the gym why I normally work out.

04 10월은 그 달이며 그때에 제가 몇몇 친구들과 여행하는 걸 좋아해요.

    (a) October is the month, and I like to travel with some friends than.

    (b) October is the month, and I like to travel with some friends there.

    (c) October is the month, and I like to travel with some friends then.

05 10월은 제가 몇몇 친구들과 여행하는 걸 좋아하는 달이에요.

    (a) October is the month under which I like to travel with some friends.

    (b) October is the month in which I like to travel with some friends.

    (c) October is the month to which I like to travel with some friends.

06 10월은 제가 몇몇 친구들과 여행하는 걸 좋아하는 달이에요.

(a) October is the month when I like to travel with some friends.

(b) October is the month how I like to travel with some friends.

(c) October is the month why I like to travel with some friends.

07 내가 운전하는 걸 배워야 하는 이유가 있어.

(a) There is a reason from which I need to learn to drive.

(b) There is a reason with which I need to learn to drive.

(c) There is a reason for which I need to learn to drive.

08 내가 운전하는 걸 배워야 하는 이유가 있어.

(a) There is a reason where I need to learn to drive.

(b) There is a reason why I need to learn to drive.

(c) There is a reason when I need to learn to drive.

09 이게 제가 많은 살을 뺐던 그 방법이에요.

(a) This is the way I lost a lot of weight.

(b) This is the place I lost a lot of weight.

(c) This is the time I lost a lot of weight.

10 이게 제가 많은 살을 뺐던 방법이에요.

(a) This is where I lost a lot of weight.

(b) This is when I lost a lot of weight.

(c) This is how I lost a lot of weight.

UNIT 12

인생 영문법

[비교급]

(미리 엿보기)

[01-05] 각 단어들을 의미에 맞게 올바르게 나열해 보세요.

01 내 새 차는 내 오래된 차 보다는 더 안정적이야.

than / reliable / my / car / one / new / more / is / my / old

_____.

02 신디는 우리 반에서 제일 키가 큰 학생이에요.

Cindy / tallest / is / student / the / classroom / my / in

_____.

03 한국에서 방문하기 가장 좋은 도시는 어디에요?

South / what / Korea / in / visit / is / city / the / best / to

_____.

04 그녀는 그녀 여동생만큼 예뻐요.

little / she / as / pretty / is / sister / her / as

_____.

05 난 너만큼 똑똑하진 않아.

smart / as / am / you / I / as / not

_____.

비교급

우린 때론 누군가와 뭔가를 비교할 때가 있어요. 영어로 이런 상황을 표현할 수 있는데요, 비교급에는 비교급(-er, more ~ than), 원급비교(as ~ as) 그리고 최상급(the -est, the most)등이 있습니다.

 문법 다지기

▌형용사-er than

-er than~(~보다 더 -한)

- I'm smart**er than** you.
  나는 / 더 똑똑해 / 너 보다
- Sam is young**er than** me.
  쌤은 / 더 어려 / 나 보다

▌more - than~ / less - than~

more - than~(~보다 더 -한) / less - than~(~보다 덜 -한)

- My watch is **more** expensive **than** yours.
  내 시계는 / 더 비싸 / 네 것보다
- She is **less** intelligent **than** her little sister.
  그녀는 / 덜 총명해요 / 그녀 여동생 보다

▌강조 부사 even, much, far + 비교급

even(훨씬) / much(훨씬) / far(훨씬)

- This book is **much more** interesting **than** that one.
  이 책은 / 훨씬 더 재미있어 / 저 책보다
- I like baseball **even more than** I like soccer.
  나는 / 좋아해요 / 야구를 / 훨씬 더 / 내가 / 좋아하는 것 보다 / 축구를

Lilly, did you finish your English assignment yet?
릴리, 영어 과제 다 했어?

Yes, I just turned it in.
It was actually easier than[2][3] the last one we had.
응, 방금 제출했어. 사실 지난번 것보다 쉬웠어.

Really? I thought this one was even more challenging
than[4][5] the previous assignment.
그래? 이번 과제가 이전 과제 보다는 훨씬 더 힘들 줄 알았는데.

Hmm, maybe it's just me, but I was able to complete
it much faster[2][5] this time.
흠, 나만 그런 것일 수도 있지만, 이번에는 훨씬 더 빨리 과제를 끝낼 수 있었어.

Yeah, I struggled a bit with this one.
I couldn't finish it by myself.
그래, 난 이것 때문에 좀 힘들었어. 혼자서는 끝낼 수 없었거든.

I see. Well, hopefully,
we'll get our grades soon and see how we did.
그렇구나. 바라건대, 곧 우리 성적이 나오면 우리가 어떻게 했는지 알게 될 거야.

(English Grammar)

1 형용사에 발음이 모음(a, e, i, o, u)으로 나오는 부분을 하나씩 구분하는 것을 음절이라고 해요.
2 1음절 형용사(easy, fast)나 2음절로 이루어진 형용사 끝에 −er를 붙여 −er than처럼 비교급을 만듭니다.
3 형용사 easy를 비교급으로 만들 때는 뒤에 y를 i로 수정 후에 er를 붙여 easier처럼 말하면 됩니다.
4 3음절 이상 형용사(challenging) 앞에 more를 넣어 more ~ than처럼 비교급을 만들어요.
5 비교급을 강조하고 싶을 때는 강조 부사 even, much, far를 비교급 앞에 넣습니다.

▌the 비교급, the 비교급

the 비교급, the 비교급(~하면 할수록 더욱 ~하다)

- **The sooner, the better.**
  빠르면 빠를수록 / 더 좋아
- **The more, the better.**
  많으면 많을수록 / 더 좋다

▌최상급 the -est

the -est(가장 ~한)

- I'm **the** happi**est** person when I'm with my loved one.
  나는 / 가장 행복한 사람이야 / 내가 / 있을 때 / 내가 사랑하는 사람과 함께
- Seoul is **the** larg**est** city in South Korea.
  서울은 / 가장 큰 도시입니다 / 한국에서

▌최상급 the most

the most(가장 ~한)

- **The most** important thing in my life is my happiness.
  가장 중요한 것은 / 내 인생에서 / 내 행복이다
- She's **the most** beautiful woman I've ever met.
  그녀는 / 가장 아름다운 / 여성이에요 / 내가 / 지금까지 만났던 여성 중에

▌최상급 the best / the worst

the best(가장 좋은, 가장 최고의) / the worst(가장 나쁜, 가장 최악의)

- This Italian restaurant has **the best** pizza in our neighborhood.
  이 이탈리안 레스토랑이 / 제공한다 / 가장 최고의 피자를 / 우리 동네에서
- Today is **the worst** day of my life.
  오늘이 / 가장 최악의 날입니다 / 제 인생에서

Hi, Peter, have you ever been to Jeju Island before?
안녕하세요, 피터, 전에 혹시 제주도에 가본 적이 있어요?

Sure, I have. It's the most[2] beautiful and
also the largest[3] island in South Korea.
What about you, Mary?
물론 가봤어요. 그곳은 한국에서 가장 아름답고
또한 가장 큰 섬이에요. 메리, 당신은요?

Not yet. But I'd like to go there one
day. You see, the sooner, the better[1].
아직 못 가봤어요. 하지만 언젠가 그곳에 가고 싶어요.
있잖아요, 빠를수록 좋아요.

Definitely! Jeju Island is the best[4] place to visit in
South Korea. It is a must-see travel destination.
당연하죠! 제주도는 한국에서 방문하기에 가장 좋은 곳이에요. 꼭 가봐
야 할 여행지거든요.

Oh, really? What makes it so special?
오, 그래요? 뭐가 그렇게 특별하죠?

Well, the island is famous for
its natural beauty and unique culture.
그 섬은 자연미와 독특한 문화로 유명해요.

(English Grammar)

[1] 비교급에서 the+비교급, the+비교급은 '~하면 할수록 더욱 -하다'의 뜻이에요.
[2] 형용사 beautiful은 3음절(eau, i, u)이기에 최상급을 만들 때는 the most가 필요합니다.
[3] 형용사 large의 비교급은 larger이고 최상급은 largest이에요.
[4] 비교급과 최상급이 불규칙적으로 변해요. 원급(good/well)/비교급(better)/최상급(best)처럼요.
[5] 원급 bad와 ill의 비교급은 worse이며 최상급은 worst입니다.

원급 비교 as ~ as

as ~ as(~만큼 ~한, ~만큼 ~하게)

- I'm **as** busy **as** a bee.
  난 / 바빠 / 벌 만큼

- I can speak English **as** well **as** you can.
  나는 / 구사할 수 있어요 / 영어를 / 잘 / 당신만큼

원급 비교 not as / so ~ as

not as/so ~ as(~만큼 –하지 않은)

- She is **not as** intelligent **as** Sam.
  그녀는 / 총명하지 않아요 / 쌤만큼

- I'm **not so** tall **as** my elder brother.
  나는 / 키 크지 않아 / 내 형만큼

라틴어 비교급 superior to, inferior to

superior to(~보다 더 우수한, ~에 비해 더 우수한) / inferior to(~보다 못한, ~에 비해 좋지 않은)

- The comfort of these shoes is **superior to** that of my old ones.
  편안함은 / 이 신발들의 / 더 우수하다 / 그것에 비해 / 내 옛 신발들의

- My cooking skills are **inferior to** those of you.
  제 요리 실력은 / 떨어집니다 / 그것들에 비해 / 당신의

Which country do you have in mind for your vacation,
Hong Kong or Japan?

홍콩과 일본 중 어느 나라를 휴가로 생각하고 있어?

Well, I'm thinking of visiting Japan. What about you?

글쎄, 일본 방문을 생각하고 있어. 너는?

I really want to go to Hong Kong.
I heard the food is not as expensive as[3] it is in Japan.

난 홍콩에 정말 가보고 싶어. 음식이 일본 음식만큼 비싸지 않다고 들었거든.

Yeah, that's right.
But Japan has a lot of tourist attractions
and is just as beautiful as[1] it is fascinating.

응, 맞아. 하지만 일본은 관광지가 많고 매혹적인 만큼 아름다운 곳이야.

I know, but when it comes to night views,
Hong Kong is superior to[4][5] Japan.

나도 알아, 하지만 야경에 관해서는, 홍콩이 일본보다 더 뛰어나.

That might be true.

어쩌면 그럴지도 몰라.

(English Grammar)

[1] 원급 비교인 as ~ as 사이에 형용사(~만큼 ~한)나 부사(~만큼 ~하게)가 옵니다.

[2] 원급 비교의 관용표현으로 as busy as a bee는 '벌 만큼 바쁜'으로, 즉 '무척 바쁜'의 뜻이에요.

[3] 원급 비교인 as ~ as의 부정은 not as ~ as(~만큼 −하지 않은), not so ~ as(~만큼 −하지 않은)이에요.

[4] 라틴어에서 유래한 superior(더 우수한), inferior(더 열등한)는 비교급 만들 때 than이 아닌 to가 필요해요.

[5] 라틴어 비교급에는 be superior to(~보다 더 우수하다), be inferior to(~보다 못하다)등이 있어요.

(Check-Up)

01 나는 니 보다 더 똑똑해.

(a) I'm smarter than you.

(b) I'm smart than you.

(c) I'm smarter as you.

02 그녀는 여동생 보다 덜 총명해요.

(a) She is as intelligent than her little sister.

(b) She is more intelligent than her little sister.

(c) She is less intelligent than her little sister.

03 이 책은 저 책보다 훨씬 더 재미있어.

(a) This book is less interesting than that one.

(b) This book is much more interesting than that one.

(c) This book is even more interesting as that one.

04 빠르면 빠를수록, 더 좋아.

(a) The soon, the better.

(b) The sooner, the better.

(c) The sooner, the good.

05 서울은 한국에서 가장 큰 도시입니다.

(a) Seoul is the large city in South Korea.

(b) Seoul is the larger city in South Korea.

(c) Seoul is the largest city in South Korea.

06 내 인생에서 가장 중요한 것은 내 행복이야.

(a) The worst important thing in my life is my happiness.

(b) The most important thing in my life is my happiness.

(c) The best important thing in my life is my happiness.

07 오늘이 제 인생에서 가장 최악의 날입니다.

(a) Today is the worst day of my life.

(b) Today is the bad day of my life.

(c) Today is the worse day of my life.

08 나는 당신만큼 영어를 잘 구사할 수 있어요.

(a) I can speak English as well than you can.

(b) I can speak English more well as you can.

(c) I can speak English as well as you can.

09 그녀는 쌤만큼 총명하지 않아요.

(a) She is not as intelligent as Sam.

(b) She is not more intelligent as Sam.

(c) She is not less intelligent as Sam.

10 제 요리 실력은 당신의 요리 실력에 비해 떨어져요.

(a) My cooking skills are superior to those of you.

(b) My cooking skills are inferior to those of you.

(c) My cooking skills are prior to those of you.

정답 01 (a) 02 (c) 03 (b) 04 (b) 05 (c) 06 (b) 07 (a) 08 (c) 09 (a) 10 (b)

UNIT 13

인생
영문법

[동사]

[01-05] 각 단어들을 의미에 맞게 올바르게 나열해 보세요.

01 태양은 떠오른다.

sun / the / rises

_____.

02 그녀는 얼굴이 빨개졌어.

red / she / turned

_____.

03 저는 피터를 좋아해요.

like / Peter / I

_____.

04 난 그를 차 태워줬어.

him / I / ride / gave / a

_____.

05 너 진짜 정 떨어진다.

make / you / sick / me

_____.

동사

동사에는 be동사와 일반 동사가 있어요. 일반 동사를 좀 더 세분화하면 주어의 동작을 설명해주는 '동작동사'와 주어의 상태가 어떠한지를 설명하는 '상태동사'로 나눌 수 있어요.

📖 **문법 다지기**

▌1형식 동사

주어+동사

- I **exercise**.
  나는 / 운동해

- Time **flies**.
  시간이 / 빠르다

▌2형식 동사

주어+동사+주격보어(형용사/분사)

- I **feel** nervous.
  나는 / 초조해요

- It **looks** good.
  그것은 / 맛있어 보여요

▌3형식 동사

주어+동사+목적어

- I **took** a nap.
  나는 / 잤어 / 낮잠을

- We **watch** a movie.
  우리는 / 봅니다 / 영화를

Time flies[1].
시간 빨리 흘러가.

Yes, it sure does. Anyway, Jennifer,
you look[3][4] so well these days.
응, 확실히 그래. 그건 그렇고, 제니퍼, 너 요즘 너무 건강해보여.

Do I? Thanks. I exercise[1][2] every day.
내가? 고마워. 매일 운동하거든.

What for?
뭐 때문에?

I love[5] exercising. I mean, I'm into it.
운동이 너무 좋아. 내 말은, 운동에 푹 빠졌거든.

That's good to know. It's important for us to stay healthy.
그렇다면 다행이야. 우리가 건강을 유지하는 건 중요해.

(English Grammar)

[1] '주어+동사'만 가지고도 완벽한 뜻을 전달할 수 있어요. 여기서 동사를 '1형식 동사'라고 하죠.

[2] 동사 exercise는 '운동하다'로 주어의 동작을 설명해 줍니다. 이를 동작동사라고 합니다.

[3] '주어+동사'로 의미가 부족할 때 완전한 문장을 만들기 위해서는 주격보어(보충해 주는 역할)가 필요해요.

[4] 감각동사에는 taste, smell, look, feel, sound등이 있는데요, 2형식 동사(주어+동사+주격보어)라고 합니다.

[5] 동사 love는 목적어로 to부정사(to exercise)나 동명사(exercising)를 취해요.

4형식 동사

주어+동사+간접목적어(~에게)+직접목적어(~을)

- They **showed** me the way.
  그들은 / 알려주었다 / 나에게 / 길을

- I **bought** him a smartphone.
  나는 / 사주었다 / 그에게 / 스마트폰을

주어+동사+간접목적어(~에게)+직접목적어(~을)

- Can I **ask** you a favor?
  내가 / 해도 돼? / 너에게 / 부탁을

- I **gave** my daughter a birthday present.
  나는 / 주었다 / 내 딸에게 / 생일 선물을

주어+동사+직접목적어(~을)+전치사+간접목적어(~에게)

- They **showed** the way **to** me.
  그들은 / 알려주었다 / 길을 / 나에게

- I **bought** a smartphone **for** him.
  나는 / 사주었다 / 스마트폰을 / 그를 위해서

주어+동사+직접목적어(~을)+전치사+간접목적어(~에게)

- Can I **ask** a favor **of** you?
  내가 / 해도 돼? / 부탁을 / 너에게

- I **gave** a birthday present **to** my daughter.
  나는 / 주었다 / 생일 선물을 / 내 딸에게

Excuse me. I think I'm lost.
Could you give[1][2] me some directions?
실례합니다. 길을 잃은 것 같아서요. 길 좀 가르쳐 주시겠어요?

No problem. Where are you trying to go?
물론이죠. 어디를 가려는 거예요?

I'm looking for the Grand Hotel,
but I don't know where it is. Here is a city map.
그랜드 호텔을 찾고 있는데, 어디에 있는지 모르겠어요.
시내 지도 여기 있습니다.

Well, let me show[4][5] you the way.
You're here on this map. Go straight to the second traffic light
and then turn right. It's on your left. You can't miss it.
음, 제가 길을 안내해 드리죠. 이 지도에서 여기 계신 거예요. 두 번째 신호등까지 직진한 다음
오른쪽으로 도세요. 왼쪽에 있어요. 쉽게 찾을 수 있을 거예요.

Thank you. You're so friendly.
고마워요. 정말 친절하시네요.

It's no big deal. Anyway, have a good one.
별말씀을요. 아무튼, 좋은 시간 보내세요.

(English Grammar)

[1] 해외여행에서 길 물을 때 동사 give를 사용해서 Could you give me some directions?처럼 말해요.

[2] 4형식동사 give는 목적어로 두 개 필요한데요. 'give+간접목적어(~에게)+직접목적어(~을)'처럼요.

[3] 수여동사 show, buy, ask, give를 가지고 4형식에서 3형식으로 바꿀 때 간접목적어 앞에 전치사가 옵니다.

[4] 동사 show는 '보여주다'지만 때로는 상대방에게 눈으로 보면서 이해할 수 있도록 말해(tell) 줄 때도 쓰여요.

[5] 영어 문장 Let me show you the way.에서 you는 간접목적어이고 the way가 직접목적어 역할을 합니다.

5형식 동사

주어+동사+목적어+목적격보어(명사)

- My friends **call** me Sam.
  내 친구들은 / 불러 / 날 / 쌤으로

- I **named** my cat Nabi.
  나는 / 이름을 지어줬다 / 내 고양이에게 / 나비라는

주어+동사+목적어+목적격보어(형용사)

- We **found** this movie interesting.
  우리는 / 알았다 / 이 영화가 / 흥미롭다는 것을

- You **make** me happy.
  넌 / 만들어 / 날 / 행복하게

주어+동사+목적어+목적격보어(분사)

- I **saw** you singing by yourself.
  나는 / 봤어 / 네가 / 노래하고 있는 것을 / 너 혼자서

- I **had** my car repaired.
  나는 / 시켰다 / 내 차가 / 수리되도록

주어+동사+목적어+목적격보어(to부정사)

- I **want** you to stop drinking.
  난 / 원해 / 네가 / 끊기를 / 술

- She **asked** me to keep an eye on her bag.
  그녀는 / 요청했다 / 나에게 / 지켜봐달라고 / 그녀 가방을

주어+동사+목적어+목적격보어(동사원형)

- My mom **let** me go out.
  내 엄마는 / 허락했다 / 내가 / 외출하도록

- This new dress **makes** you look stunning!
  이 새 옷이 / 만들어요 / 당신을 / 멋지게 보이도록

Do you have a cat? Male or female?
고양이 키워? 수컷이야, 암컷이야?

It's female. I named[1] her Nabi.
It means butterfly in English.
암컷이야. '나비'라는 이름을 지어줬어. 영어로 나비를 뜻해.

That's a cute name. By the way,
have you watched any good movies lately?
그거 귀여운 이름이네. 그건 그렇고, 최근 괜찮은 영화 봤어?

Yes, I've watched the movie 'Mission Impossible'
and I found[2][3] it interesting. What about you?
Do you like watching movies?
응, '미션 임파써블' 영화를 봤는데 재밌더라. 넌? 영화 보는 거 좋아해?

Of course, I do. Watching movies always makes[4] me feel good.
You see, it helps[5] me beat my stress.
물론, 좋아해. 영화를 보면 항상 기분이 좋아져. 있잖아, 스트레스를 푸는 데 도움이 되거든.

Oh, I'm glad to hear that.
오, 다행이네.

(English Grammar)

[1] 동사 call(부르다)과 name(이름을 지어주다)은 목적격보어로 명사가 나와요.

[2] 5형식동사로 쓰인 find(알게 되다)는 목적격보어 자리에 형용사가 나옵니다.

[3] 영어문장 I found it interesting.에서 found는 5형식동사이고 it는 목적어, interesting는 목적격보어입니다.

[4] 사역동사인 let(허락하다), make(만들다)는 목적격보어 자리에 동사원형을 취해요.

[5] 준사역동사인 help(~하게(~하도록) 도와주다)는 목적격보어 자리에 동사원형이나 to부정사가 필요해요.

(Check-Up)

01 시간이 빨리 가.

(a) Time to fly.

(b) Time flying.

(c) Time flies.

02 맛있어 보여요.

(a) It looks better.

(b) It looks well.

(c) It looks good.

03 난 낮잠을 잤어.

(a) I took a nap.

(b) I taken a nap.

(c) I taking a nap.

04 너에게 부탁 하나 해도 돼?

(a) Can I ask your a favor?

(b) Can I ask you a favor?

(c) Can I ask yours a favor?

05 그들은 나에게 길을 알려주었어.

(a) They showed mine the way.

(b) They showed me the way.

(c) They showed my the way.

06 내 친구들은 날 쌤으로 불러.

    (a) My friends call my Sam.

    (b) My friends call I Sam.

    (c) My friends call me Sam.

07 넌 날 행복하게 해.

    (a) You make me happy.

    (b) You make me happiness.

    (c) You make me happily.

08 네가 술 끊었으면 좋겠어.

    (a) I want you stoping drinking.

    (b) I want you to stop drinking.

    (c) I want you stop drinking.

09 내가 외출하도록 엄마가 허락했어.

    (a) My mom let me going out.

    (b) My mom let me go out.

    (c) My mom let me gone out.

10 네가 혼자서 노래하고 있는 걸 봤어.

    (a) I saw you sang by yourself.

    (b) I saw you singer by yourself.

    (c) I saw you singing by yourself.

정답 01 (c) 02 (c) 03 (a) 04 (b) 05 (b) 06 (c) 07 (a) 08 (b) 09 (b) 10 (c)

UNIT 14

인생
영문법

[형용사]

(미리 엿보기)

[01-05] 각 단어들을 의미에 맞게 올바르게 나열해 보세요.

01 저는 마침내 뉴욕을 방문하게 되어서 흥분했어요.
York / was / visit / New / I / finally / excited / to

_____.

02 오늘 해변에 사람들이 많아요.
are / today / beach / at / lot / a / people / of / there / the

_____.

03 조언 좀 요청해도 될까요?
advice / can / ask / some / you / I / for

_____.

04 모든 승객들은 이륙하기 전에 안전벨트를 매야합니다.
before / must / all / belts / seat / takeoff / passengers / their / fasten

_____.

05 저는 낭비할 시간이 없어요.
waste / I / to / have / time / no

_____.

정답 01 I was excited to finally visit New York.   02 There are a lot of people at the beach today.
03 Can I ask you for some advice?   04 All passengers must fasten their seat belts before takeoff.
05 I have no time to waste.

형용사

형용사의 가장 기본적인 역할은 사람이나 사물의 특징이나 상태를 설명해주는 기능입니다. 구조상 형용사는 명사나 대명사를 앞이나 뒤에서 수식해 주거나 주격보어나 목적격보어(보충해 주는 말)자리에 나오게 되죠.

> 문법 다지기

▌전치수식

형용사+명사

- Tony is my **best** friend.
  토니는 / 제 가장 친한 / 친구입니다

- She has a **pretty** voice.
  그녀는 / 가지고 있어요 / 예쁜 / 목소리를

▌후치수식(1)

대명사(~thing/~one/~body)+형용사

- I need something **special**.
  난 / 필요해 / 뭔가가 / 특별한

- We don't want anyone **rude**.
  우리는 / 원하지 않아요 / 어떤 사람도 / 무례한

▌후치수식(2)

명사/대명사+형용사구(전치사구)/형용사절(관계대명사절)

- The suitcase **on the table** is mine.
  그 여행 가방은 / 테이블 위에 있는 / 제 것이에요.

- I want something **that is easy to use and durable**.
  나는 / 원해 / 뭔가를 / 사용하기 쉽고 / 튼튼한

Good to see you, Michael. How's it going?
만나서 반가워요. 마이클. 어떻게 지내요?

Not good. I'm trying to find a birthday gift for Peter,
but I'm having trouble.
안 좋아요. 피터에게 줄 생일 선물을 찾고 있는데, 하지만 문제가 있어요.

What are you thinking of getting him?
그에게 무엇을 줄 생각인데요?

I want to get him something special[1][3]
because he's my best[1][2] friend.
그 친구가 제 절친이기에 그에게 뭔가 특별한 걸 주고 싶어요.

Then how about buying him a suitcase that is easy to
use and durable[4][5]?
그렇다면 사용하기 쉽고 내구성이 좋은 여행 가방을 그에게 사주는 게 어떨까요?

Well, let me sleep on it. Anyway,
thank you for the suggestion.
음, 곰곰이 생각해 볼게요. 어쨌든, 제안 고마워요.

(English Grammar)

[1] 형용사에는 명사를 전치(앞 전+둘 치)수식하거나 대명사를 후치(뒤 후+둘 치)수식하는 특징이 있어요.
[2] 형용사 best는 명사 friend를 앞에서 꾸며주는 전치수식 역할을 해요.
[3] 대명사 something처럼 ~thing, ~one, ~body로 끝나면 형용사가 뒤에서 수식합니다.
[4] 관계대명사 that으로 연결되는 문장은 형용사절로 앞에 나온 선행사 suitcase를 후치수식합니다.
[5] 전치사구는 형용사구 역할을 하며 관계대명사절은 형용사절 역할을 해 앞에 나온 명사/대명사를 수식해요.

주격보어(형용사/분사)

주어+동사+주격보어(형용사)

- The weather is getting **cold**.
  날씨가 / 추워지고 있어요.
- The food tastes **spicy**.
  그 음식은 / 맛이 나 / 매운

주어+동사+주격보어(분사)

- I was **disappointed**.
  난 / 실망했어.
- This soccer game is **exciting**.
  이 축구경기는 / 흥미진진해요

목적격보어(형용사/분사)

주어+동사+목적어+목적격보어(형용사)

- He found this book **informative**.
  그는 / 생각했다 / 이 책이 / 유익하다고
- We painted the wall **white**.
  우리는 / 칠했어요 / 그 벽을 / 흰색으로

주어+동사+목적어+목적격보어(분사)

- I saw Jack **running** in the park.
  나는 / 봤어 / 잭이 / 달리고 있는 걸 / 공원에서
- I heard the birds **singing** outside.
  나는 / 들었어요 / 새들이 / 지저귀는 것을 / 밖에서

The weather is getting cold[1], isn't it?
날씨가 추워지고 있어, 안 그래?

Yeah, it is. I'm already feeling a bit chilly[2].
응, 맞아. 벌써 몸이 좀 쌀쌀해 지고 있어.

Come to think of it, I saw you exercising[4][5]
in the park this morning.
그러고 보니, 오늘 아침에 너 공원에서 운동하고 있더라.

You did? I needed to exercise to stay healthy.
Anyway, we should go somewhere warm and have
something to eat. How about that new Japanese
restaurant that opened in our neighborhood?
봤어? 건강 유지하기 위해 운동해야만 했어. 아무튼, 따뜻한 곳에 가서 뭐
좀 먹자. 우리 동네에 새로 개업한 일식집이 어떨까?

Okay, let's go. By the way,
have you tried their food before?
알았어, 가자. 그런데 말이야, 전에 거기 음식 먹어본 적이 있었어?

Sure, I have. The food tastes spicy[2],
but it's really good[2]. You won't be disappointed[3].
물론, 먹어봤지. 음식이 맵지만, 정말 맛있어. 실망하지 않을 거야.

(English Grammar)

1　동사 get 다음에 형용사 cold가 나오면 '추워지다'의 뜻입니다. 점점 그렇게 되어가는 것을 말하죠.
2　형용사 chilly(쌀쌀한), spicy(매운) 그리고 good(좋은, 맛있는) 모두 주격보어 역할을 해요.
3　과거분사 disappointed(실망한)도 형용사이기에 주격보어자리에 올 수가 있어요.
4　목적격보어 자리에 형용사나 분사가 옵니다. 목적어를 보충설명해 주는 보어역할을 하게 되죠.
5　지각동사 see(보다), hear(듣다)는 목적어 다음 목적격보어 자리에 동사원형이나 현재분사(-ing)를 취해요.

▌(수량형용사) **many, a few, few**

many(많은)+셀 수 있는 명사(가산명사)

- I have **many** books on my bookshelf.
  나는 / 가지고 있어 / 많은 책들을 / 내 책꽂이에
- **Many** people enjoy listening to music while exercising.
  많은 사람들은 / 즐깁니다 / 듣는 걸 / 음악 / 운동하는 동안

a few(조금 있는, 약간) / few(거의 없는, 별로 없는)+셀 수 있는 명사(가산명사)

- I have **a few** friends in Chicago.
  나는 / 있어 / 몇몇 친구들이 / 시카고에
- **Few** places allow smoking nowadays.
  장소는 거의 없어요 / 허락하는 / 흡연을 / 요즘은

▌(수량형용사) **much, a little, little**

much(많은)+셀 수 없는 명사(불가산명사)

- I don't have **much** time.
  나는 / 없어 / 많은 시간이
- I don't have **much** confidence.
  저는 / 없어요 / 많은 자신감이

a little(조금 있는, 약간) / little(거의 없는, 별로 없는)+셀 수 없는 명사(불가산명사)

- I have **a little** money.
  난 / 있어 / 돈이 좀
- I have **little** knowledge of Japanese history.
  난 / 별로 없어 / 지식이 / 일본 역사에 관한

Many[1] people enjoy listening to music while working.
It helps them stay focused and relaxed.
많은 사람들이 일하는 동안 음악 듣는 것을 즐겨요.
그들이 집중하고 긴장을 늦추는데 도움이 되거든요.

Exactly. I like to listen to pop music
when I work from home.
맞아요. 저는 재택근무 할 때 대중음악을 듣는 걸 좋아하는 편이에요.

That's cool. Speaking of cities, I have a few[1] friends in Chicago.
It's a beautiful city.
멋지네요. 도시 얘기가 나와서 말인데, 시카고에 친구가 몇 명 있어요. 아름다운 도시에요.

In fact, I've never been to Chicago. I want to visit there
someday, but I don't have much[2][3] time these days.
Speaking of Chicago, have you ever been there before, Sunny?
사실, 저는 시카고에 가본 적이 없어요. 언젠가 그곳을 방문하고 싶지만,
요즘은 시간이 많지 않아요. 시카고 얘기가 나와서 말인데, 거기 전에 가본 적 있어요, 써니?

Yes, I went there by myself last month, but I have
little[2][5] knowledge of the history and culture of Chicago.
네, 지난달에 혼자 갔지만, 시카고의 역사와 문화에 대해 아는 것이 거의 없어요.

Oh, I see.
아, 그렇군요.

(English Grammar)

1　셀 수 있는 명사(가산명사)의 수를 언급하고 싶을 때 many, a few, few를 사용해요.
2　셀 수 없는 명사(불가산명사)의 양을 언급하고 싶을 때 much, a little, little를 사용합니다.
3　수량형용사 much 다음에는 셀 수 없는 명사가 나오는데요, much를 긍정문보다 부정문에서 더 많이 써요.
4　수량형용사 a little은 '조금 있는', '약간'의 뜻으로 긍정적인 어감을 전달할 수 있어요.
5　수량형용사 little 다음 불가산명사 knowledge(지식)이 나오면 의미가 '지식이 거의 없는'이 됩니다.

163

▌(수량형용사) **a lot of, lots of, plenty of**

a lot of(많은) / lots of(많은)+셀 수 있는 명사/셀 수 없는 명사

- I have **a lot of** things to do today.
  나는 / 있어 / 많은 일들이 / 해야 할 / 오늘

- I ate **lots of** local food during my trip to Japan.
  저는 / 먹었어요 / 많은 현지 음식을 / 여행 중에 / 일본

plenty of(많은, 풍부한)+셀 수 있는 명사/셀 수 없는 명사

- I found **plenty of** interesting places to visit here.
  나는 / 찾았어 / 많은 흥미로운 장소들을 / 방문할 / 이곳에서

- I need to drink **plenty of** water every day.
  저는 / 마셔야 해요 / 많은 물을 / 매일

▌(수량형용사) **some, any**

some(약간의, 몇몇의, 조금)+긍정문/부탁(권유) 의문문

- I want to borrow **some** books from the library.
  나는 / 원해 / 빌리기를 / 몇 권의 책들을 / 도서관으로부터

- Would you like **some** coffee?
  하시겠어요? / 커피 좀

any(아무것도, 어느 것도)+부정문/조건문/일반의문문

- There aren't **any** kids on the playground.
  없어요 / 어떤 아이들도 / 운동장에는

- Do you have **any** money?
  있어요? / 혹시 돈이

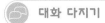

Look who's here! Good to see you, Sam.
How have you been doing?
이게 누구야! 만나서 반가워, 쌤. 어떻게 지내고 있었던 거야?

I've been doing well, thanks for asking.
But I have a lot of[1] things to do today.
잘 지내고 있었어, 물어봐줘서 고마워. 그런데 오늘은 할 일이 많아.

Oh, really? Anyway, did you get a chance
to do anything fun recently?
오, 그래? 그나저나, 최근에 재미있는 일을 할 기회가 있었니?

Yes, I went to Singapore last month and tried
plenty of[2] local food. It was amazing.
응, 지난달에 싱가포르에 가서 현지 음식을 많이 먹어봤어. 대단했지.

Oh wow, I'm so jealous!
Did you visit any[5] interesting places during your trip?
우와, 정말 부럽다! 여행 중에 혹시 재미있는 곳을 방문했어?

Yeah, I found some[3][4] interesting places to visit.
Singapore is definitely worth revisiting.
응, 방문할 만한 흥미로운 장소들을 찾았어.
싱가포르는 확실히 재방문할 가치가 있어.

(English Grammar)

[1] 수량형용사 a lot of(많은), lots of(많은) 다음에는 셀 수 있는 명사나 셀 수 없는 명사가 올 수 있어요.

[2] 수량형용사 plenty of(많은, 풍부한) 다음에는 가산명사(수)나 불가산명사(양)가 나옵니다.

[3] 수량형용사 some은 긍정문, 부탁이나 권유의 뜻을 지닌 의문문에서 사용됩니다.

[4] 수량형용사 some 다음에는 보통 가산명사(복수명사)나 불가산명사(단수명사)가 나와요.

[5] 수량형용사 any를 보통 부정문, 의문문, 조건문에서 사용해요.

▌ (수량형용사) all, every

all(모든)+셀 수 있는 명사/셀 수 없는 명사

- **All** people were amazed by the beautiful sunset at the beach.
  모든 사람들은 / 놀랐어 / 아름다운 일몰에 / 해변에서
- **All** information might be wrong.
  모든 정보가 / 틀릴 수 있어요.

every(모든)+단수명사

- **Every** person needs to take care of themselves.
  모든 사람은 / 돌봐야 돼요 / 자신을
- **Every** moment is precious, so don't waste it.
  모든 순간이 / 소중하니까 / 낭비하지 말아요 / 그것을

▌ (수량형용사) no

no(조금의 ~도 없는)+셀 수 있는 명사/셀 수 없는 명사

- I have **no** friends who I can hang out with.
  나는 / 조금도 없어 / 친구들이 / 내가 / 함께 어울릴 수 있는
- There is **no** water to drink.
  조금도 없어요 / 물이 / 마실

Did you see the sunset at the beach yesterday evening?
어제 저녁에 해변에서 일몰 봤어?

Yes, it was stunning! All[1] people were amazed
by the beautiful sunset at the beach.
응, 굉장히 멋졌어! 모든 사람들이 해변에서 아름다운 일몰에 놀랐거든.

It's unbelievable how gorgeous nature can be sometimes.
가끔은 자연이 얼마나 아름다워질 수 있는지가 놀라워.

I completely agree. That's why it's important for
every[2] person to take care of the environment.
완전 동의해. 그 때문에 모든 사람이 환경을 보호하는 것이 중요해.

Definitely. And on that note,
there's no[3][4][5] water to drink here.
Why don't we go get some from the vending machine?
당연하지. 그 말은 이쯤에서 끝내고, 여기에는 마실 물이 없네.
우리 가서 자판기에서 물 좀 사는 게 어떨까?

Good idea. In fact, I'm feeling so thirsty right now.
좋은 생각이야. 사실, 지금 너무 갈증 나.

(English Grammar)

1. 수량형용사 all은 '모든'이라는 뜻으로 뒤에 복수명사(가산명사)나 단수명사(불가산명사)가 따라 나와요.
2. 수량형용사 every는 '모든'의 뜻으로 보통 뒤에 단수명사가 나와야 하며 동사도 단수가 됩니다.
3. 수량형용사 no는 '조금의 ~도 없는'으로 셀 수 있는 명사나 셀 수 없는 명사를 앞에서 수식해줍니다.
4. 수량형용사 no는 'no+명사'의 구조를 갖는데요, 여기서 no를 not ~ any처럼 바꿔 쓸 수 있어요.
5. 영어문장 There is no water to drink here.를 There is not any water to drink here.라고도 해요.

167

(Check-Up)

01 그녀는 목소리가 예뻐요.

    (a) She has a pretty voice.

    (b) She has a prettily voice.

    (c) She has a prettier voice.

02 테이블 위에 있는 그 여행 가방은 제 것이에요.

    (a) The suitcase on the table is mine.

    (b) The suitcase under the table is mine.

    (c) The suitcase next to the table is mine.

03 난 실망했어.

    (a) I was disappoint.

    (b) I was disappointing.

    (c) I was disappointed.

04 잭이 공원에서 달리고 있는 걸 봤어.

    (a) I saw Jack ran in the park.

    (b) I saw Jack running in the park.

    (c) I saw Jack runs in the park.

05 시카고에 몇몇 친구들이 있어.

    (a) I have a few friends in Chicago.

    (b) I have few friends in Chicago.

    (c) I have a little friends in Chicago.

06 시간이 많지 않아.

    (a) I don't have many time.

    (b) I don't have few time.

    (c) I don't have much time.

07 오늘 할 일이 많아.

    (a) I have a lot things to do today.

    (b) I have a lot of things to do today.

    (c) I have a lots of things to do today.

08 운동장에는 어떤 아이들도 없어요.

    (a) There aren't no kids on the playground.

    (b) There aren't much kids on the playground.

    (c) There aren't any kids on the playground.

09 모든 정보가 틀릴 수 있어요.

    (a) All information might be wrong.

    (b) Many information might be wrong.

    (c) Little information might be wrong.

10 마실 물이 조금도 없어요.

    (a) There is none water to drink.

    (b) There is no water to drink.

    (c) There is few water to drink.

정답 01 (a) 02 (a) 03 (c) 04 (b) 05 (a) 06 (c) 07 (b) 08 (c) 09 (a) 10 (b)

UNIT 15

인생 영문법

[부사]

(미리 엿보기)

[01-05] 각 단어들을 의미에 맞게 올바르게 나열해 보세요.

01 잭은 정말 재미있는 사람이야.
guy / Jack / a / funny / really / is

_____.

02 나는 항상 주말마다 극장에 가.
weekends / I / on / movies / to / always / the / go

_____.

03 오늘은 일정이 빡빡해요.
today / tight / have / I / schedule / a

_____.

04 저도 역시 여행하는 걸 좋아해요.
too / like / I / traveling

_____.

05 이미 뉴욕에 두 번이나 가봤어.
York / twice / to / have / I / New / been / already

_____.

정답 01 Jack is a really funny guy.   02 I always go to the movies on weekends.
     03 I have a tight schedule today.   04 I like traveling, too.
     05 I have already been to New York twice.

부사

부사는 adverb로 동사 앞에 나와 동사를 수식해줍니다. 또한 동사 외에 형용사나 부사를 꾸미며, 문장 맨 앞에 나와 뒤에 온 절(주어+동사)을 수식해 주기도 하죠. 부사는 시간, 장소, 방법, 횟수의 뜻을 전달합니다.

 문법 다지기

▌부사+동사 / 동사+부사

부사는 동사 앞이나 뒤에서 동사를 수식

- I **completely** agree.
  난 / 완전 / 동의해
- I need to work **efficiently**.
  저는 / 일해야 해요 / 효율적으로

▌부사+형용사 / 부사+분사

부사는 형용사나 분사를 앞에서 수식

- She's a **really** creative artist.
  그녀는 / 정말 / 창의적인 / 예술가입니다
- It was a **truly** exciting game.
  그건 / 정말 / 흥미진진한 / 경기였어요

▌부사+부사 / 부사+주어+동사(절)

부사는 또 다른 부사를 수식 / 문장 앞에 나온 부사가 전체 문장 수식

- We're working **extremely** collaboratively.
  우리는 / 일하고 있는 중이야 / 매우 / 협력적으로
- **Regrettably**, I wasn't able to meet the deadline.
  아쉽게도 / 나는 / 맞출 수가 없었어 / 마감일을

I think I need to work **efficiently**[1] on this project.
이 프로젝트를 효율적으로 처리해야 할 것 같아요.

I **completely**[1] agree. Even though we have a lot to do,
we have to work **extremely**[4] collaboratively.
전적으로 동의해요. 우리가 해야 할 일이 많더라도,
우리는 매우 협력적으로 일해야 합니다.

That's true. And have you seen Juliet's work?
She's a **really**[2] creative person.
맞아요. 그리고 줄리엣의 작업을 보셨나요?
그녀는 매우 창의적인 사람이에요.

Yes, I have. It's **absolutely**[5] impressive.
네, 봤어요. 굉장히 인상적이에요.

We could use some of her **truly**[3] interesting ideas in our project.
Let me ask her if she can work with us.
정말 흥미로운 그녀의 아이디어 중 일부가 우리 프로젝트에 필요해요.
그녀에게 우리와 함께 일할 수 있는지 물어볼게요.

That's a good idea.
좋은 생각이에요.

(**English Grammar**)

[1] 부사 completely는 동사 agree를 앞에서 수식하며, 부사 efficiently는 동사 work를 뒤에서 수식해 줍니다.

[2] 부사는 보통 형용사 앞에 나와요. 즉 really는 부사이며 뒤에 온 형용사 creative를 수식해 주죠.

[3] 부사 truly는 현재분사(interesting)를 수식해 줄 수 있어요. 현재분사도 형용사 역할을 하기 때문이죠.

[4] 부사는 또 다른 부사를 꾸며줄 수 있어요. 부사 extremely는 부사 collaboratively를 앞에서 꾸며줍니다.

[5] 부사 absolutely는 주격보어 역할을 하는 형용사 impressive를 앞에서 수식해 줍니다.

█ 빈도부사

always(항상) / normally(보통, 평소) / usually(대게, 주로)

- I **always** try to learn something new every day.
  나는 / 항상 / 노력해 / 배우려고 / 뭔가 새로운 것을 / 매일

- I **normally** avoid eating junk food.
  저는 / 평소 / 피해요 / 먹는 걸 / 정크 푸드를

often(자주) / sometimes(가끔, 때때로)

- We **often** watch movies at a movie theater.
  우리는 / 자주 / 봅니다 / 영화를 / 극장에서

- I **sometimes** watch TV or a movie to relieve stress.
  나는 / 가끔 / 시청해 / TV나 / 영화를 / 풀기위해 / 스트레스를

█ 부정부사

never(전혀 ~ 않는) / hardly(거의 ~ 않는)

- I **never** give up on my dreams.
  나는 / 결코 / 포기 안 해 / 내 꿈들을

- I **hardly** know anything about fashion.
  저는 / 거의 알지 못해요 / 아무것도 / 패션에 대해

rarely(거의 ~ 않는) / seldom(거의 ~ 않는)

- I **rarely** drink.
  난 / 거의 술 안 마셔

- They **seldom** travel abroad together.
  그들은 / 거의 해외여행하지 않아요 / 함께

Do you always[1][4] eat breakfast in the morning
before leaving for work?
출근 전에 아침에 항상 아침 식사해?

I try, but I usually[3][4] skip it when I'm in a hurry.
노력은 하는데, 급할 때는 보통 아침 식사를 걸러.

That's too bad. Breakfast is the most important meal
of the day, so you should never[4][5] skip it.
안됐군. 아침 식사는 하루 중 가장 중요한 식사야. 그러므로 절대 거르면 안 돼.

I know, but sometimes[2] I don't have enough
time to make breakfast before work.
나도 알아. 하지만 가끔은 출근 전에 아침 식사 준비할 시간이 충분치 않아.

I understand. Why don't you try preparing
something the night before? I normally[3][4] make
overnight oats because they are easy to prepare.
이해는 돼. 그 전날 밤에 뭔가를 준비해 보는 게 어때?
난 보통 오버나이트 오트밀을 만들어. 왜냐하면 준비하기 쉽기 때문이야.

Okay, I got it. I'll give it a try.
Anyway, thanks for the suggestion.
알았어. 한 번 해볼게. 아무튼, 제안은 고마워.

(English Grammar)

1. 거의 매일 하루도 빠짐없이 뭔가를 할 때 부사 always(항상, 늘)를 사용해요.
2. 부사 often은 '자주'의 뜻이고 sometimes는 '가끔' 또는 '때때로'의 의미입니다.
3. 빈도부사 usually는 '대게, 주로'의 뜻으로 쓰이고 normally는 '보통, 평소'의 의미를 가집니다.
4. 부사는 '부사+동사'처럼 동사 앞에 나와 동사를 수식해 주는 역할을 해요.
5. 부정부사 never는 '전혀 ~ 않는'의 뜻으로 어떤 행동을 결코 하지 않을 때 사용할 수 있어요.

▍시간부사

yesterday(어제) / today(오늘) / tomorrow(내일)

- It rained a lot **yesterday**.
  비가 왔어요 / 많이 / 어제
- I'm excited because my best friend will visit me **tomorrow**.
  난 / 흥분돼 / 내 절친이 / 방문하기 때문이야 / 나를 / 내일

▍장소부사

home(집) / here(여기) / there(저기, 그곳)

- Let's go **home**.
  갑시다 / 집에
- I like it **here**.
  나는 / 마음에 들어 / 이곳이

▍형용사+ly = 부사

sad(슬픈) – sadly(슬프게, 안타깝게도) / lucky(운이 좋은) – luckily(다행히)

- I **sadly** admit that I made a big mistake.
  저는 / 안타깝게도 / 인정합니다 / 제가 / 저질렀다고 / 큰 실수를
- **Luckily**, I got a driver's license yesterday.
  다행히도 / 난 / 땄다 / 운전 면허증을 / 어제

▍형용사와 부사가 같은 경우

hard((형)어려운, 힘든 / (부)열심히) / fast((형)빠른 / (부)빠르게)

- It's a **hard** choice.
  그건 / 어려운 / 선택입니다
- I need to study **hard**.
  나는 / 공부해야 돼 / 열심히

It rained a lot yesterday[1], didn't it?
어제 비가 많이 왔어, 안 그래?

Yes, it was a downpour. But I'm excited because
my best friend, Jenny, will visit me tomorrow[1].
응, 폭우였어. 하지만 내 절친인 제니가 내일 날 방문하기에 흥분돼.

I'm glad to hear that. What are you going to do with her?
잘됐네. 그녀와 뭐 할 건데?

Luckily[3], I like it here[2],
so I thought we could explore the city together.
다행히도, 여기가 마음에 들어. 그래서 우리가 함께 도시를 탐험할 수 있을 것 같아.

Sounds like fun. Speaking of traveling,
I'm planning to travel abroad[5] by myself.
But I haven't decided where to go yet,
so I need to study hard[4] before I leave.
재밌겠다. 여행 얘기가 나와서 말인데, 난 혼자 해외여행 할 생각이야.
하지만 아직 어디로 갈지 정하지 못했어, 그래서 떠나기 전에 열심히 배워둬야 돼.

Wow, I'm so jealous of you.
우와, 정말 부러워.

(English Grammar)

1. 부사에는 yesterday, today, tomorrow...처럼 시간의 뜻을 갖는 부사가 있어요.
2. 장소부사에는 home, here, there...처럼 다양하게 있습니다.
3. 형용사 lucky처럼 끝이 y로 끝나면 y를 i로 고친 후 ly를 붙여 luckily처럼 부사를 만듭니다.
4. 형용사로 hard는 '어려운, 힘든'으로 명사를 꾸며주며 부사로는 '열심히'의 뜻으로 동사를 수식해줍니다.
5. 숙어로 travel abroad는 '해외여행하다'로 abroad는 '해외로'의 뜻이며 부사로 동사 travel을 꾸며줘요.

▎(부사) **too** / **either**

too(역시, 또한, 너무 ~한) / either(역시, 또한, 게다가)

- Can I come **too**?
  가도 돼? / 나도

- I don't like coffee **either**, I prefer tea.
  나는 / 안 좋아해 / 커피를 / 역시 / 난 / 선호해 / 차를

▎(부사) **very** / **much**

very(매우, 아주, 정말) / much(매우, 훨씬, 대단히)

- Tony is **very** young.
  토니는 / 매우 / 젊어요

- I'm **much** busier today than I was yesterday.
  나는 / 훨씬 / 더 바빠 / 오늘 / 내가 / 바빴던 것 보다 / 어제

▎(부사) **already** / **yet**

already(이미, 벌써) / yet(아직)

- I've **already** seen that movie twice.
  난 / 이미 / 봤어 / 그 영화를 / 두 번

- I haven't decided what to do **yet**.
  저는 / 결정 못했어요 / 무엇을 할지 / 아직

▎(부사) **still** / **enough**

still(아직도, 여전히, 그런데도) / enough(충분히)

- It's **still** raining outside.
  아직도 / 비가 내리고 있어요 / 밖에는

- He's smart **enough** to solve the problem by himself.
  그는 / 똑똑합니다 / 충분히 / 해결할 만큼 / 그 문제를 / 그 혼자서

Sam, have you already[3] finished your weekly report?
쌤, 벌써 주간 보고서를 끝냈나요?

I haven't finished it yet[4].
I'm still[4] working on it. It's been taking me much[2] longer
than I expected. What about you, Sophie?
아직 못 끝냈어요. 여전히 작업 중이에요. 예상했던 것보다 훨씬 더 오랜 시간이 걸
리고 있네요. 소피, 당신은요?

I haven't completed it either[1].
But that's no problem. Take all the time you need.
We don't need them until the end of the week.
저도 아직 완성 못했어요. 하지만 그건 문제가 되지 않아요.
천천히 하세요. 주말까지는 필요가 없으니까요.

Thank you for understanding. I hope I'm smart
enough[5] to figure out this problem by myself.
이해해 주셔서 고마워요. 저는 이 문제를 혼자서 해결할 만큼 똑똑하기를 바라요.

I'm sure you'll be able to solve it.
But if you need my help, feel free to ask me anytime.
당신이 그걸 해결할 수 있을 거라고 확신해요. 하지만 제 도움이 필요하면, 언
제든지 제게 물어보세요.

I appreciate that.
감사합니다.

(English Grammar)

1 부사 either가 부정문에서 자주 쓰이며 의미는 '역시', '또한'이에요.
2 부사 very는 형용사의 원급이나 최상급을 수식해주며, much는 형용사의 비교급, 과거분사를 수식합니다.
3 부사 already는 현재완료(have finished)시제와 함께 자주 사용됩니다.
4 부사 still은 '여전히'로 상태나 동작의 계속성을 내포하며 yet는 '아직'으로 부정문에서 사용돼요.
5 부사로 쓰인 enough는 형용사 뒤에 위치하지만, 형용사로 enough는 명사 앞에 위치해요.

(Check-Up)

01   완전 동의해.

     (a) I complete agree.

     (b) I completely agree.

     (c) I completed agree.

02   그녀는 정말 창의적인 예술가입니다.

     (a) She's a creative really artist.

     (b) She's a creative artist really.

     (c) She's a really creative artist.

03   항상 매일 뭔가 새로운 것을 배우려고 노력해.

     (a) I always try to learn something new every day.

     (b) I frequently try to learn something new every day.

     (c) I hardly try to learn something new every day.

04   난 결코 내 꿈들을 포기 안 해.

     (a) I always give up on my dreams.

     (b) I often give up on my dreams.

     (c) I never give up on my dreams.

05   어제 비가 많이 왔어요.

     (a) It rained a lot this morning.

     (b) It rained a lot tomorrow.

     (c) It rained a lot yesterday.

06 여기가 마음에 들어.

(a) I like it here.

(b) I like it there.

(c) I like it then.

07 그건 어려운 선택이에요.

(a) It's a harder choice.

(b) It's a hard choice.

(c) It's a hardly choice.

08 나도 가도 돼?

(a) Can I come either?

(b) Can I come too?

(c) Can I come neither?

09 어제 바빴던 것 보다 오늘 훨씬 더 바빠.

(a) I'm most busier today than I was yesterday.

(b) I'm many busier today than I was yesterday.

(c) I'm much busier today than I was yesterday.

10 아직 뭘 할지 결정 못했어요.

(a) I haven't decided what to do yet.

(b) I haven't decided what to do still.

(c) I haven't decided what to do already.

UNIT 16

인생
영문법

[대명사]

[01-05] 각 단어들을 의미에 맞게 올바르게 나열해 보세요.

01 그는 어울리기 편한 사람이에요.
easy / he / with / along / is / get / to

_____.

02 나 혼자 밤에 그곳에 갈 수 없어.
myself / night / at / I / there / can't / go / by

_____.

03 저는 둘 다 안 좋아해요.
them / I / like / either / don't / of

_____.

04 우린 너에게 할 말이 있어.
something / you / tell / we / to / have

_____.

05 정원 가꾸기에 관심 있는 분들은 우리 클럽에 가입할 수 있어요.
our / those / gardening / can / who / are / in / join / interested / club

_____.

대명사

문장에서 반복되는 명사를(사람, 사물) 대신해 주는 역할을 하는 게 대명사입니다. 네이티브들은 같은 말을 반복해서 말하는 것을 되도록 피하려는 습성이 있어요.

> 📖 문법 다지기

▌인칭대명사

주격대명사 I(나는) / you(너는, 너희들은) / he(그는) / she(그녀는) / they(그들은) / we(우리는) / it(그것은)

- **I**'m an introverted person.
  저는 / 내성적인 / 사람이에요

- **She**'s not my cup of tea.
  그녀는 / 아니야 / 내 취향이

소유격대명사 my(나의) / your(너의, 너희들의) / his(그의) / her(그녀의) / their(그들의) / our(우리의) / its(그것의)

- Jack is **my** best friend.
  잭은 / 제 절친입니다

- I like **its** color.
  난 / 마음에 들어 / 그것의 색깔이

목적격대명사 me(나를) / you(너를, 너희들을) / him(그를) / her(그녀를) / them(그들을) / us(우리를) / it(그것을)

- I invited **them** to my birthday party last night.
  나는 / 초대했어 / 그들을 / 내 생일파티에 / 지난밤에

- I have an important document to sign, but I haven't read **it** yet.
  저는 / 있어요 / 중요한 / 서류가 / 서명할 / 하지만 / 저는 / 읽지 못했어요 / 그것을 / 아직도

▌소유대명사

소유대명사 mine(나의 것) / yours(너의 것, 너희들 것) / his(그의 것) / hers(그녀의 것) / theirs(그들의 것) / ours(우리의 것)

- That suitcase is **mine**.
  그 여행 가방은 / 내꺼야

- Is this credit card **yours**?
  이 신용카드가 / 당신 거예요?

I'm[1] in trouble. I[1] lost my[2] smartphone.
Juliet, have you[1] seen it[4]?

큰일 났어. 내 스마트폰을 잃어버렸거든. 줄리엣, 너 혹시
그거 본 적 있어?

No, I[1] haven't. Where did you[1] last use it[3][4]?

아니. 마지막으로 어디서 사용했던 거야?

I[1] used it[3][4] at a coffee shop in my[2] neighborhood this morning,
but I[1] couldn't find it[3][4] anywhere. Can I[1] use your[2] smartphone
to call my[2] smartphone for a moment?

오늘 아침에 동네 커피숍에서 사용했는데, 도무지 찾을 수가 없었어. 잠깐 네 스마트폰 사용해
서 내 스마트폰으로 전화 걸어도 돼?

Yeah, of course. Here is my[2] smartphone.

응, 물론이지. 내 스마트폰 여기 있어.

Thanks. I[1] hope I[1] didn't lose mine[5] for good.

고마워. 내 것을 영원히 잃어버리지 않았으면 좋겠어.

Don't worry, Peter. You'll[1] be sure to find it[4].

걱정 마, 피터. 꼭 그걸 찾을 수 있을 거야.

(English Grammar)

1 문장의 주어자리에는 대명사 주격이 나와야 합니다.
2 소유격대명사는 뒤에 나오는 명사를 앞에서 수식해 주는 형용사 역할을 합니다.
3 타동사 use(사용하다)와 find(찾다) 다음에 오는 대명사는 목적격이 되어야 해요.
4 대명사로 it는 '그것'으로 문장에서 반복되는 사물 명사를 대신해요.
5 소유격(my, your)과 명사를 합친 것이 소유대명사(mine, yours)입니다.

▮ 재귀대명사

강조용법 – 재귀대명사 생략 가능

- I **myself** did all the cooking for the party last night.
  나는 / 내 스스로 / 했다 / 모든 요리를 / 그 파티를 위한 / 지난밤에
- She painted the house **herself**.
  그녀가 / 페인트칠했다 / 그 집을 / 직접

재귀용법 – 재귀대명사 생략 불가능

- We enjoyed **ourselves** at an amusement park yesterday.
  우리는 / 즐겼어요 / 우리 자신을 / 놀이공원에서 / 어제
- He's so proud of **himself**.
  그는 / 너무 자랑스러워요 / 그 자신이

▮ 재귀대명사 관용표현

by oneself(홀로, 혼자서) / for oneself(자기 자신을 위해서)

- I can't do this **by myself**.
  난 / 할 수 없어 / 이걸 / 나 혼자선
- I decided to start my own business **for myself**.
  나는 / 결정했어 / 시작하기로 / 나 자신만의 사업을 / 나 자신을 위해

help oneself(자유로이 먹다, 마음대로 하다) / make oneself at home(느긋하게 쉬다, 편히 쉬다)

- The food is ready, so **help yourself**.
  음식이 / 준비됐어요 / 그러므로 / 마음껏 드세요
- Please **make yourself at home**.
  편하게 계세요 / 집에서처럼

Hi, Tom. Thank you for coming.
Please make yourself at home[4] and have a seat.
안녕하세요, 탐. 와주셔서 고마워요. 편히 앉으세요.

Thank you. Wow, I really like your place.
Did you decorate it yourself[2]?
감사합니다. 와, 집이 정말 예쁘네요. 직접 꾸몄어요?

Yeah, I did all the decorating myself[2]. Anyway,
can I get you something to drink? Coffee or juice, perhaps?
네, 모든 장식은 제가 직접 했어요. 그건 그렇고,
마실 것 좀 드릴까요? 커피나 주스?

Coffee, please.
커피 주세요.

Alright. Just a moment, please.
Here's your coffee and a snack. Help yourself[4].
알겠어요. 잠시 기다려 주세요. 여기 커피와 간식 있어요. 마음껏 드세요.

Thank you. It smells good.
고마워요. 냄새 좋네요.

(English Grammar)

1 재귀대명사에서 재귀는 '다시 돌아간다'로 주어의 행동이 주어 자신에게 다시 영향을 줄 경우를 말해요.
2 재귀대명사가 주어 역할을 하는 명사나 대명사에 따르는 동격어로서 강조될 때 이를 강조용법이라 해요.
3 재귀대명사가 타동사나 전치사의 목적어 역할을 할 때 이를 재귀용법이라 하며 생략할 수가 없어요.
4 재귀대명사 관용표현 중에 help oneself(자유로이 먹다)와 make oneself at home(편히 쉬다)이 있어요.
5 영어로 by oneself는 '홀로', '혼자서'의 뜻으로 자신의 능력으로만 어떤 일을 이루려고 할 때를 말합니다.

문법 다지기

부정대명사

all(모두, 모든) / every(모든, 모두) / each(각, 각자)

- Don't believe **all** you hear.
  믿지 말아요 / 전부 / 당신이 / 들은 것을
- **Each** country has its own culture.
  각 나라는 / 갖고 있다 / 그 나름의 문화를

some(조금, 약간) / any(어떤) / another(또 다른)

- I have **some** money.
  난 / 있어 / 돈 좀
- Do you have **any** idea?
  당신은 / 있어요? / 어떤 생각이라도

both(양쪽의, 둘 다) / either(어느 쪽, 둘 중 하나) / neither(둘 중 어느 쪽도 아닌)

- We are **both** well.
  우린 / 둘 다 / 건강해요
- **Either** is fine with me.
  아무거나 / 괜찮아요 / 저에게는

somebody(=someone)(누군가) / something(무언가, 어떤 것) / anybody(=anyone)(누군가) / anything(어느 것이든)

- There's **something** I want to ask you about.
  있어요 / 뭔가 / 제가 / 묻고 싶은 게 / 당신에게
- Do you have **anything** to declare?
  당신은 / 있습니까? / 어떤 것이 / 신고할

everybody(=everyone)(모두, 모든 사람) / everything(모든 것) / nobody(=no one)(아무도) / nothing(아무 것도)

- I know **everything** about him.
  나는 / 알아 / 모든 것을 / 그에 대해
- There's **nothing** I can do for you.
  없어요 / 아무것도 / 제가 / 할 수 있는 게 / 당신을 위해

We have **some**[2] free time before the afternoon meeting,
so let's go out for lunch.
Which do you want, Chinese food or Japanese food?
우리가 오후 회의 전에 시간이 좀 있으니, 나가서 점심을 먹자. 중식이나 일식 중에
어떤 걸 원해?

Either[3] is fine with me because I'm not a picky eater.
식성이 까다롭지 않기 때문에 어느 쪽이든 괜찮아.

Alright. In fact, I noticed a new Chinese restaurant
behind our office yesterday, but I haven't been there yet.
Have you been there before?
알았어. 사실, 어제 사무실 뒤에 새로 생긴 중식당을 찾았는데,
아직 안 가봤어. 전에 거기 가 본 적 있어?

No, not yet. Do you have **any**[2] idea what's good to eat there?
아니, 아직 안 가봤어. 거기서 뭐가 맛있는지 혹시 알아?

Well, I don't know **anything**[4][5] about that restaurant.
But don't believe **everything**[5] you hear.
It's always good to try **something**[5] new.
글쎄, 그 식당에 대해 아는 게 하나도 없어. 하지만 네가 듣는 모든 걸 믿지는 마.
새로운 뭔가를 시도해보는 것은 늘 좋은 거잖아.

That's a good point. Anyway, let's go.
좋은 지적이야. 아무튼, 가자.

(English Grammar)

[1] 뭔가 확실하게 단정 짓기 힘든 사람이나 사물을 가리킬 때 사용하는 대명사가 부정대명사입니다.

[2] 긍정문에서 some을 쓰지만 부정문이나 일반의문문에서는 any를 사용해요.

[3] 어떤 선택을 해도 자신은 괜찮다고 할 때 부정대명사 either를 사용해 Either is fine with me.처럼 말해요.

[4] 부정대명사 anything을 넣어 I don't know anything about~하고 말하면 '~에 대해 아무것도 몰라요'
입니다.

[5] 부정대명사로 something(무언가), anything(어느 것이든), nothing(아무것도), everything(모든 것)이 있
어요.

▌ 지시형용사 / 지시대명사

지시형용사 this(이) / these(이것들의) / 지시대명사 this(이것은) / these(이것들은)

- **This** book belongs to me.
  이 책은 / 소유물이다 / 나의

- **These** are not the shoes I really wanted to buy.
  이것들은 / 아니에요 / 그 신발들이 / 내가 / 정말 / 원했던 / 구입하기를

지시형용사 that(저, 그) / those(저것들의) / 지시대명사 that(저것은) / those(저것들은)

- I don't like **those** flowers.
  나는 / 안 좋아해 / 저 꽃들을

- The population of Seoul is larger than **that** of Busan.
  인구는 / 서울의 / 더 많아요 / 그것보다 / 부산의

▌ 대명사 It / 비인칭 주어 It

사물이나 동물 따위를 언급할 때 대명사 it

- Do you like this book? Yes, I love **it**.
  당신은 / 좋아요? / 이 책이 / 네 / 저는 / 마음에 들어요 / 그게

- What is **it**?
  무엇이야? / 그건

날씨, 거리, 상황, 시간, 명함, 날짜 언급할 때 비인칭 주어 it

- **It**'s getting dark.
  날씨가 / 어두워지고 있어.

- **It**'s a little far from here.
  거리가 / 좀 멀어요 / 이곳으로부터

Is the population of Seoul larger than that[3] of Busan?
서울의 인구가 부산의 인구보다 많나요?

Yes, that's[2] true.
And Seoul is also the capital city of South Korea.
네, 맞아요. 그리고 서울은 한국의 수도이기도 합니다.

I completely agree. I was actually born in Busan but grew
up in Seoul, so I have an attachment to these[1] two cities.
전적으로 동의해요. 사실 저는 부산에서 태어났지만 서울에서 자랐기에,
이 두 도시에 애착이 있어요.

Ah, I see. It's[5] quite a distance between
Seoul and Busan if you're taking a bus, right?
아, 그렇군요. 버스를 타면 서울과 부산 사이는 꽤 멀어요, 맞죠?

Absolutely, but if you take the express train from Seoul Station,
it'll[5] only take about two and a half hours to get to Busan.
그럼요. 하지만 서울역에서 고속열차를 타면 부산까지 2시간 30분 정도밖에 안 걸려요.

Oh, that's[2] not too bad.
Thanks for the information.
오, 그렇게 나쁘진 않네요. 정보 고마워요.

(English Grammar)

1. 지시형용사로 this, these, that, those는 바로 뒤에 오는 명사를 앞에서 꾸며주는 역할을 해요.
2. 지시대명사인 this, these, that, those이 주어 역할을 하면 동사는 단수나 복수가 되어야 합니다.
3. 앞에 이미 언급한 명사 population(인구)을 대신할 때 지시대명사 that이 필요해요.
4. 대명사로 쓰인 it은 상황에 따라 사물이나 동물 따위를 언급할 때 사용할 수 있어요.
5. 날씨, 거리, 상황, 시간, 명함, 날짜를 언급할 때 주어로 it(비인칭 주어)를 사용하지만 아무런 뜻이 없어요.

(Check-Up)

01 저는 내성적인 사람이에요.

   (a) He's an introverted person.

   (b) You're an introverted person.

   (c) I'm an introverted person.

02 잭은 제 절친입니다.

   (a) Jack is me best friend.

   (b) Jack is mine best friend.

   (c) Jack is my best friend.

03 그 여행 가방은 내꺼야.

   (a) That suitcase is my.

   (b) That suitcase is mine.

   (c) That suitcase is me.

04 그는 그 자신이 너무 자랑스러워요.

   (a) He's so proud of him.

   (b) He's so proud of himself.

   (c) He's so proud of his.

05 편하게 계세요.

   (a) Please make yourself at home.

   (b) Please make you at home.

   (c) Please make your at home.

06 난 돈 좀 있어.

(a) I have some money.

(b) I have no money.

(c) I have any money.

07 저는 아무거나 괜찮아요.

(a) Neither is fine with me.

(b) Both is fine with me.

(c) Either is fine with me.

08 제가 당신을 위해 할 수 있는 게 아무것도 없어요.

(a) There's anything I can do for you.

(b) There's nothing I can do for you.

(c) There's something I can do for you.

09 서울 인구는 부산 인구보다 더 많아요.

(a) The population of Seoul is larger than this of Busan.

(b) The population of Seoul is larger than that of Busan.

(c) The population of Seoul is larger than those of Busan.

10 어두워지고 있어.

(a) It getting dark.

(b) Its getting dark.

(c) It's getting dark.

정답   01 (c) 02 (c) 03 (b) 04 (b) 05 (a) 06 (a) 07 (c) 08 (b) 09 (b) 10 (c)

UNIT **17**

인생
영문법

[가정법]

[01-05] 각 단어들을 의미에 맞게 올바르게 나열해 보세요.

01 내일 날씨가 화창하다면, 우린 해변에 갈 거예요.

beach / if / tomorrow / to / we / will / sunny / weather / the / go / is / the

_____.

02 내가 너라면, 그 제안을 받아들이지 않을 텐데.

accept / if / I / wouldn't / were / offer / the / you / I

_____.

03 내가 지금 괌에 있으면 좋을 텐데.

wish / I / Guam / now / were / I / right / in

_____.

04 그녀는 마치 이미 결심했던 것처럼 행동해.

mind / acts / her / she / if / made / already / as / she / up / had

_____.

05 당신 조언이 없었다면, 전 큰 실수를 했었을 거예요.

advice / big / without / made / your / have / would / a / I / mistake

_____.

가정법

과거에 일어났던 일을 회상할 때, 실제로 발생하지 않은 일이나, 혹시 이루지 못한 일에 대한 아쉬움을 언급할 때 필요한 어법이 가정법이에요.

📖 문법 다지기

█ 단순 조건문

If+주어+현재동사, 주어+조동사+동사원형(만약 ~라면 ~일 것이다)

- **If they have** a lot of money, **they can travel** around the world.
  만약 / 그들이 / 있다면 / 많은 돈이 / 그들은 / 여행할 수 있어 / 전 세계를
- **If it rains** tonight, **I will stay** home.
  만약 / 비 온다면 / 오늘밤 / 나는 / 머무를 거야 / 집에

█ 가정법 과거

If+주어+were/과거동사, 주어+would/could/might/should+동사원형(만약 ~한다면 ~할 텐데)

- **If I were** you, **I could understand** your concerns about the future.
  만약 / 내가 / 너라면 / 난 / 이해할 수 있을 텐데 / 네 걱정을 / 미래에 대한
- **If we worked** together, **we would finish** the project on time.
  만약 / 우리가 / 일한다면 / 함께 / 우리는 / 끝낼 텐데 / 그 프로젝트를 / 제때에

█ 가정법 과거완료

If+주어+had+과거분사, 주어+would/could/might/should+have+과거분사(만약 ~했더라면 ~했을 텐데)

- **If I had taken** the subway, **I would have avoided** traffic.
  만약 / 내가 / 탔더라면 / 지하철을 / 난 / 피했을 텐데 / 교통체증을
- **If he had arrived** earlier, **he could have caught** the last bus.
  만약 / 그가 / 도착했더라면 / 좀 더 일찍 / 그는 / 탈 수 있었을 텐데 / 마지막 버스를

If I have some extra money and free time,
I will go[1] on a trip to Jeju Island. What about you, Jennifer?
여분의 돈과 여유 시간이 생긴다면, 제주도로 여행갈 거야. 넌 어때, 제니퍼?

If I had the money,
I would travel[2][3] to New York instead.
만약 내가 그 돈이 있다면, 나는 대신 뉴욕으로 여행할 텐데.

Well, if you had saved up more money in the past,
you could have already gone[4][5] there.
글쎄, 만약 네가 과거에 더 많은 돈을 모았더라면,
넌 이미 그곳에 갈 수 있었을 텐데 말이야.

Yes, I understand what you mean. I would have had[4][5] the
money by now if I had been more financially responsible.
응, 무슨 말인지 이해돼. 내가 좀 더 경제적으로 책임감이 있었더라면
지금쯤 그 돈을 가지고 있었을 텐데.

Don't worry. I'm happy to help you save money.
That's what friends are for.
걱정 마. 내가 기꺼이 네가 돈 모으는 걸 도와줄게. 친구 좋다는 게 뭐겠어.

Thank you so much, Jack. I really hope to
visit New York someday in the future.
정말 고마워, 잭. 난 정말 미래에 언젠가 뉴욕을 방문하길 희망해.

(English Grammar)

1. 단순 조건문은 사실 여부를 전혀 알 수 없는 상황을 가정해서 말할 때 사용해요.
2. 가정법 과거는 현재 이루지 못한 상황이나 현재 사실과 정반대되는 상황을 가정해서 말할 때 사용해요.
3. 가정법 과거는 'If+주어+were/과거동사, 주어+would/should/might/could+동사원형'의 구조를 가져요.
4. 가정법 과거완료는 과거의 사실을 반대로 가정해서 말할 때 사용하는 어법이에요.
5. 가정법 과거완료에서 if절은 'If+주어+had+과거분사'의 구조가 됩니다. 즉 'If+주어+과거완료'예요.

197

I wish+주어+과거동사 / I wish+주어+had+과거분사

I wish+주어+과거동사(~하면 좋을 텐데) / I wish+주어+had+과거분사(~했으면 좋았을 텐데)

- **I wish I were** in your shoes.
  좋을 텐데 / 내가 / 너라면

- **I wish we had saved** more money for our vacation.
  좋았을 텐데 / 우리가 / 모았으면 / 더 많은 돈을 / 우리 휴가를 위해

as if+주어+were/과거동사 / as if+주어+had+과거분사

as if+주어+were/과거동사(마치 ~인 것처럼) / as if+주어+had+과거분사(마치 ~이었던 것처럼)

- I feel **as if I were** in danger.
  난 / 느껴 / 마치 / 내가 / 위험에 처한 것처럼

- He talks **as if he had known** the fact.
  그는 / 말해요 / 마치 / 그가 / 알았던 것처럼 / 그 사실을

가정법 과거 Without / 가정법 과거완료 Without

가정법 과거 Without(~이 없다면)+명사, 주어+would/could/might/should+동사원형 / 가정법 과거완료 Without(~이 없었다면)+명사, 주어+would/could/might/should+have+과거분사

- **Without your help, I couldn't do** that again.
  당신 도움이 없다면 / 저는 / 못해요 / 그걸 / 다시는

- **Without money, I wouldn't have traveled** around the world.
  돈이 없었다면 / 난 / 여행 못했을 거야 / 전 세계를

Peter, I hate to say this, but I wish we had checked[1]
the weather forecast before leaving. We're getting
soaked in this rain!
피터, 이런 말 하기는 싫지만, 우리가 출발하기 전에 날씨를 확인했더라면
좋았을 텐데. 우린 이 비에 흠뻑 젖고 있어!

I know, Sara. I feel as if the rain were[2][3] following us.
알아, 사라. 비가 우리를 따라오는 것 같아.

Without your umbrella, we would have been[4][5]
completely drenched by now.
네 우산이 없었다면, 우리는 지금쯤 완전히 흠뻑 젖었을 거야.

You're right. I always try to be well-prepared for these situations.
I wish I had brought[1] an extra umbrella with me.
네 말이 맞아. 난 항상 이런 상황에 잘 대비하려고 노력해.
내가 여분의 우산을 가지고 왔더라면 좋았을 텐데 말이야.

Maybe we should go into the coffee shop over there
and wait for the rain to stop.
저기 커피숍에 들어가서 비가 그치기를 기다려야 할 것 같아.

That's a good idea. Let's do that.
좋은 생각이야. 그렇게 하자.

(English Grammar)

1 I wish 다음에 '주어+were/과거동사'를 쓰거나 '주어+had+과거분사'를 써서 가정법 문장을 만들 수 있
어요.

2 as if로 가정법 문장을 만들 때는 'as if+주어+were/과거동사', 'as if+주어+had+과거분사'의 구조입니다.

3 I wish 또는 as if로 가정법 문장을 만들 때 주어 다음에 be동사는 인칭에 상관없이 were가 되어야 해요.

4 전치사로 without은 '~없이'의 뜻으로 사용해요.

5 가정법 과거나 가정법 과거완료 문장을 만들 때 without을 사용해서 표현할 수 있어요.

199

(Check-Up)

01 만약 그들이 많은 돈이 있다면, 그들은 전 세계를 여행할 수 있어.

    (a) If they have a lot of money, they could have traveled around the world.

    (b) If they have a lot of money, they traveled around the world.

    (c) If they have a lot of money, they can travel around the world.

02 만약 오늘밤 비 온다면, 집에 있을 거야.

    (a) If it rains tonight, I will stay home.

    (b) If it rain tonight, I will stay home.

    (c) If it rained tonight, I will stay home.

03 만약 내가 너라면, 난 미래에 대한 네 걱정을 이해할 수 있을 텐데.

    (a) If I were you, I could understand your concerns about the future.

    (b) If I were you, I could understanding your concerns about the future.

    (c) If I were you, I could understood your concerns about the future.

04 만약 우리가 함께 일한다면, 우린 제때에 그 프로젝트를 끝낼 텐데.

    (a) If we worked together, we will finish the project on time.

    (b) If we worked together, we would finish the project on time.

    (c) If we worked together, we would finished the project on time.

05 만약 내가 지하철을 탔더라면, 난 교통체증을 피했을 텐데.

    (a) If I had taken the subway, I will have avoided traffic.

    (b) If I had taken the subway, I would have avoided traffic.

    (c) If I had taken the subway, I would have avoiding traffic.

06 만약 그가 좀 더 일찍 도착했더라면, 그는 마지막 버스를 탈 수 있었을 텐데.

(a) If he had arrived earlier, he could caught the last bus.

(b) If he had arrived earlier, he could have caught the last bus.

(c) If he had arrived earlier, he can have caught the last bus.

07 내가 너라면 좋을 텐데.

(a) I wish I am in your shoes.

(b) I wish I are in your shoes.

(c) I wish I were in your shoes.

08 우리가 휴가를 위해 더 많은 돈을 모았으면 좋았을 텐데.

(a) I wish we had saving more money for our vacation.

(b) I wish we had save more money for our vacation.

(c) I wish we had saved more money for our vacation.

09 마치 내가 위험에 처한 것처럼 느껴져.

(a) I feel as if I were in danger.

(b) I feel even though I were in danger.

(c) I feel while I were in danger.

10 당신 도움이 없다면, 저는 다시는 그걸 할 수 없어요.

(a) No your help, I couldn't do that again.

(b) With your help, I couldn't do that again.

(c) Without your help, I couldn't do that again.

UNIT *18*

[수동태]

(미리 엿보기)

[01-05] 각 단어들을 의미에 맞게 올바르게 나열해 보세요.

01 이 프로젝트는 그들에 의해 제때에 끝내져야 합니다.

project / must / this / them / be / by / finished / time / on

_____.

02 저는 시애틀에서 태어나고 자랐어요.

Seattle / I / in / raised / and / born / was

_____.

03 이 도시는 뭐로 유명한가요?

is / what / city / for / known / this

_____.

04 나는 뉴욕 여행이 좀 걱정돼.

little / a / about / worried / to / New / traveling / York / I'm

_____.

05 내 시험 결과에 만족했어.

pleased / my / with / exam / was / I / of / results / the

_____.

수동태

3형식 문장(주어+동사+목적어)에서 목적어를 강조하기 위해 문장의 주어자리로 도치시키는 것을 수동태(목적어+be+과거분사+전치사+주어)라고 합니다. 전치사 다음에 대명사가 오면 목적격이 되어야 해요.

> 🔲 문법 다지기

▌3형식 수동태

3형식(주어+동사+목적어) 능동태 / 수동태

- I painted my house this morning.
  나는 / 칠했어 / 내 집을 / 오늘 아침에
- My house **was painted by** me this morning.
  내 집은 / 칠해졌어 / 나에 의해서 / 오늘 아침에

▌4형식 수동태

4형식(주어+동사+간접목적어+직접목적어) 능동태 / 수동태

- I gave my daughter some spending money.
  나는 / 줬어 / 내 딸에게 / 약간의 용돈을
- My daughter **was given some spending money by** me.
  내 딸은 / 받았어 / 약간의 용돈을 / 나에 의해
- Some spending money **was given (to) my daughter by** me.
  약간의 용돈이 / 주어졌다 / 내 딸에게 / 나에 의해

Did you watch the movie that was recommended by
your co-worker a couple of days ago?
며칠 전에 당신 직장 동료가 추천했던 그 영화를 봤어요?

Sure, I did. It was directed by a well-known movie director.
물론, 봤죠. 그것은 유명한 영화감독에 의해 연출되었어요.

That's great. What did you think of it? Did you enjoy it a lot?
잘됐네요. 그것에 대해 어떻게 생각했어요? 많이 즐겼나요?

It was much more exciting than I had expected,
and also it had a great story. In fact,
it was written by a famous Korean screenwriter.
예상했던 것보다 훨씬 더 흥미진진했고, 스토리도 훌륭했어요.
사실, 그것은 유명한 한국 시나리오 작가에 의해 쓰였어요.

Then I think I should watch it as soon as possible.
Was it still showing at the theater in our neighborhood?
그럼 최대한 빨리 봐야 할 것 같네요. 아직도 우리 동네 극장에서 상영되고 있어요?

No, not anymore. But it is now available to rent online as
of today. So if you want, you can watch it at home anytime.
아니요, 더 이상은 아니에요. 하지만 오늘부터 온라인 대여가 가능해요.
그러므로 원하시면, 집에서 언제든지 그 작품을 볼 수 있어요.

(English Grammar)

1. 3형식에서 목적어를 주어자리로 도치해 수동태를 만들 때 '목적어+be+과거분사+by+주어'처럼 되어야 해요.
2. 수동태 문장(be+과거분사)에서 be동사의 시제는 능동태의 동사 시제를 따릅니다.
3. 3형식 문장을 수동태로 만들 때 보통 전치사 by를 쓰는데요, 이때 능동태 주어가 전치사 뒤로 옵니다.
4. 4형식동사 give는 간접목적어와 직접목적어처럼 목적어를 두 개 취해요.
5. 4형식에서 간접목적어로 수동태 문장을 만들 수 있고, 직접목적어로 수동태 문장을 만들 수가 있어요.

문법 다지기

관용표현

be born in(~에서 태어나다) / be located in(~에 위치해 있다)

- I **was born in** Chicago.
  나는 / 태어났어요 / 시카고에서

- The new coffee shop **is located in** the heart of downtown.
  그 새로운 커피숍은 / 위치해 있다 / 중심부에 / 시내

be interested in(~에 관심 있다) / be worried about(~에 대해 걱정되다)

- I**'m interested in** K-pop music.
  저는 / 관심 있어요 / 한국 대중음악에

- She**'s worried about** her health.
  그녀는 / 걱정해 / 그녀의 건강에 대해서

be known for(~으로 유명하다) / be surprised at(~에 놀라다)

- Busan **is known for** its beautiful beaches.
  부산은 / 유명해요 / 아름다운 해변들로

- We **were surprised at** the news.
  우리는 / 놀랐어요 / 그 소식에

be covered with(~로 덮여 있다) / be satisfied with(~에 만족하다)

- The streets **are covered with** fallen leaves.
  거리들은 / 덮여 있어요 / 낙엽들로

- I**'m satisfied with** my new job.
  나는 / 만족해 / 내 새 직업에

be filled with(~로 가득 차다) / be pleased with(~에 기뻐하다)

- The room **is filled with** books.
  그 방은 / 가득 차 있어요 / 책들로

- We **were pleased with** the outcome of the meeting.
  우리는 / 기뻤다 / 결과에 / 그 모임의

206

May I ask you some personal questions?
사적인 질문 좀 해도 될까요?

Of course, please go ahead.
What would you like to know about me?
물론이죠. 말씀해 보세요. 저에 대해 뭘 알고 싶으신 거예요?

Could you tell me a little bit about yourself?
당신에 대해 조금만 말씀해 주시겠어요?

Sure. My name is Yeon-hee Lee.
I was born in[1][3] Busan which is known for[5]
its beautiful beaches, but I was raised in[2][3] Daegu.
알겠어요. 제 이름은 이연희입니다. 저는 아름다운 해변들로 유명한
부산에서 태어났어요. 하지만 대구에서 자랐어요.

And what do you do for a living?
그리고 직업은 뭐예요?

I work at a travel agency which is located in[1] the heart of
downtown. It's within walking distance from where we are now.
I'm getting interested in[4] K-pop music and I enjoy my work.
But I'm a little worried about[4] my health nowadays, so I try to
work out at the gym after work every day.
저는 시내 중심부에 위치한 여행사에서 일해요. 우리가 지금 있는 곳에서 걸어갈 수 있는
거리에 있어요. 저는 케이팝 음악에 관심을 갖게 되었고 제 일을 즐기는 편이에요.
하지만 요즘은 건강이 조금 걱정돼요. 그래서 매일 퇴근 후에 헬스장에서 운동하려고 하죠.

(English Grammar)

1 수동태로 be born(태어나다)과 be located(위치하다)는 전치사 in과 함께 사용됩니다.
2 숙어로 be raised in은 '〜에서 성장하다'이며 전치사 in 다음에는 장소명사가 나와요.
3 보통 I was born and raised in+장소명사.는 '저는 〜에서 태어나고 자랐어요'의 뜻이에요.
4 수동태로 be interested in(〜에 관심 있다), be worried about(〜에 대해 걱정되다)처럼 쓰여요.
5 영어로 '〜로 유명하다'는 be known for(=be famous for)이며 '〜에 놀라다'는 be surprised at입니다.

(Check-Up)

01 오늘 아침에 내 집이 나에 의해서 칠해졌어.

  (a) My house was painted by me this morning.

  (b) My house was paint by me this morning.

  (c) My house was painting by me this morning.

02 나로부터 내 딸이 약간의 용돈을 받았어.

  (a) My daughter was given some spending money by me.

  (b) My daughter was given some spending money with me.

  (c) My daughter was given some spending money for me.

03 나는 시카고에서 태어났어요.

  (a) I was born at Chicago.

  (b) I was born to Chicago.

  (c) I was born in Chicago.

04 저는 한국 대중음악에 관심 있어요.

  (a) I'm interest in K-pop music.

  (b) I'm interested in K-pop music.

  (c) I'm interesting in K-pop music.

05 그녀는 건강에 대해서 걱정해.

  (a) She's worry about her health.

  (b) She's worriedly about her health.

  (c) She's worried about her health.

06 부산은 아름다운 해변들로 유명해요.

(a) Busan is known under its beautiful beaches.

(b) Busan is known for its beautiful beaches.

(c) Busan is known from its beautiful beaches.

07 우리는 그 소식에 놀랐어요.

(a) We were surprise at the news.

(b) We were surprising at the news.

(c) We were surprised at the news.

08 내 새 직업에 만족해.

(a) I'm satisfied with my new job.

(b) I'm satisfy with my new job.

(c) I'm satisfying with my new job.

09 그 방은 책들로 가득 차 있어요.

(a) The room is fill with books.

(b) The room is fills with books.

(c) The room is filled with books.

10 우리는 그 모임의 결과에 기뻤어.

(a) We were pleasing with the outcome of the meeting.

(b) We were pleased with the outcome of the meeting.

(c) We were please with the outcome of the meeting.

정답 01 (a) 02 (a) 03 (c) 04 (b) 05 (c) 06 (b) 07 (c) 08 (a) 09 (c) 10 (b)

UNIT 19

인생
영문법

[분사 구문]

[01-05] 각 단어들을 의미에 맞게 올바르게 나열해 보세요.

01 잭의 집을 방문했을 때, 난 그 친구가 집에서 영화 보고 있는 걸 목격했어.

house / I / him / visiting / found / Jack's / home / movie / a / at / watching

_____.

02 만약 일을 일찍 끝내면, 저는 공원으로 산책하러 갈 거예요.

finishing / early / I / my / go / will / work / a / walk / for / in / park / the

_____.

03 네가 무슨 말을 하고 있는지 모르기 때문에, 좀 혼란스러워.

a / not / you're / knowing / saying / I'm / what / confused / little

_____.

04 엄격히 말하자면, 우리는 아침을 굶으면 안 돼.

we / speaking / skip / strictly / breakfast / shouldn't

_____.

05 영화 얘기가 나와서 말인데, 저는 영화광이에요.

movies / fanatic / speaking / a / I'm / movie / of

_____.

정답   01 Visiting Jack's house, I found him watching a movie at home.   02 Finishing my work early, I will
go for a walk in the park.   03 Not knowing what you're saying, I'm a little confused.   04 Strictly
speaking, we shouldn't skip breakfast.   05 Speaking of movies, I'm a movie fanatic.

분사 구문

분사 구문은 '주어+동사'처럼 '절' 구조로 이루어진 두 문장을 구(두 단어 이상의 덩어리)의 문장으로 바꾸는 과정인데요. 복잡한 두 문장을 분사(-ing(현재분사), p.p.(과거분사))를 활용해서 좀 더 간결하게 만드는 거예요.

> 문법 다지기

▌시간

when(언제, 때) / while(~동안에) / as(~하면서, ~하고 있을 때)

- **When I went** out yesterday, I bumped into my neighbor on the street.
  내가 / 외출했을 때 / 어제 / 난 / 우연히 만났다 / 내 이웃 사람을 / 거리에서
- **Going** out yesterday, I bumped into my neighbor on the street.
  외출했을 때 / 어제 / 난 / 우연히 만났다 / 내 이웃 사람을 / 거리에서

▌이유 / 원인

because(~때문에) / since(~이기 때문에) / as(~이므로, ~하므로)

- **Because I'm** tired, I think I should get some rest.
  내가 / 피곤하기 때문에 / 나는 / 생각해 / 내가 / 취해야 한다고 / 휴식 좀
- **(Being)** tired, I think I should get some rest.
  피곤하기 때문에 / 나는 / 생각해 / 내가 / 취해야 한다고 / 휴식 좀

▌가정 / 조건

if(만약 ~이라면)

- **If you go** straight to the second traffic light, you can see it on your right.
  만약 / 당신이 / 쭉 간다면 / 두 번째 신호등까지 / 당신은 / 볼 수 있어요 / 그것을 / 당신 오른쪽에서
- **Going** straight to the second traffic light, you can see it on your right.
  쭉 간다면 / 두 번째 신호등까지 / 당신은 / 볼 수 있어요 / 그것을 / 당신 오른쪽에서

Excuse me, could you help me for a moment?
Being[1][2] a tourist from South Korea,
I don't know anything about this city.
죄송한데요, 잠시만 도와주시겠어요? 저는 한국에서 온
관광객이기 때문에, 이 도시에 대해서는 아무것도 모르거든요.

Alright. What can I do for you?
알았어요. 뭘 도와 드릴까요?

I'm looking for the Central Park,
but I don't know where it is on this map.
센트럴 파크를 찾고 있는데, 이 지도상에서 그곳이 어디에 있는지 모르겠어요.

Well, you're here on this map.
Going[3][4] straight for 10 minutes,
you'll be able to see it on your left. You can't miss it.
음, 당신은 이 지도상에서 여기에 계신 거예요. 곧장 10분간 직진하시면,
왼쪽에 그 공원을 보실 수 있을 거예요. 찾기 쉽습니다.

Thank you so much.
정말 고마워요.

My pleasure. Anyway, have a good one. Bye.
천만에요. 아무튼, 좋은 시간 보내세요. 잘 가요.

(English Grammar)

1. 접속사(Because)+주어(I)+동사(am)의 구조를 현재분사(Being)으로 간결하게 만드는 과정이 분사 구문이에요.
2. Because I'm a tourist from South Korea, I...를 Being a tourist from South Korea, I...처럼 표현하면 돼요.
3. 분사 구문은 가정이나 조건처럼 if로 해석되기도 합니다.
4. 영어문장 Going straight for 10 minutes,는 원래 If you go straight for 10 minutes,입니다.
5. 분사 구문에 오는 시제는 분사 구문 뒤에 오는 주절의 시제에 결정됩니다.

▌분사 구문의 부정문

분사 구문의 부정(Not -ing)

- **As I don't know** his number, I can't give him a call right now.
  내가 / 모르기 때문에 / 그의 전화번호를 / 나는 / 전화할 수 없다 / 그에게 / 지금
- **Not knowing** his number, I can't give him a call right now.
  모르기 때문에 / 그의 전화번호를 / 나는 / 전화할 수 없다 / 그에게 / 지금

▌비인칭 독립 분사 구문 관용표현

Generally speaking(일반적으로 말하면) / Strictly speaking(엄격히 말하자면)

- **Generally speaking**, it's important to exercise to stay health.
  일반적으로 말하면 / 중요해요 / 운동하는 것은 / 건강을 유지하기 위해
- **Strictly speaking**, she didn't do her best in the interview.
  엄격히 말하자면 / 그녀는 / 않았다 / 최선을 다하지 / 그 인터뷰에서

Speaking of(~ 얘기가 나와서 말인데) / Depending on(~에 따라서)

- **Speaking of** traveling, I have always wanted to visit Hawaii.
  여행 얘기가 나와서 말인데 / 나는 / 늘 / 원했어요 / 방문하기를 / 하와이를
- **Depending on** the situation, I may need to adjust my plan.
  상황에 따라 / 저는 / 할지도 몰라요 / 조정해야 / 제 계획을

Given that(~을 고려해 볼 때) / Compared to(~에 비하면)

- **Given that** it's raining outside now, I'm going to stay home today.
  비가 온다고 하니 / 밖에 / 지금 / 나는 / 머무를 거야 / 집에 / 오늘은
- **Compared to** those of last month, our produce sales have increased.
  그것들에 비하면 / 지난달의 / 우리 농산물 판매가 / 증가했다

Should I get a car or use public transportation to work?
출근하려면 내가 차를 사야 돼? 아니면 대중교통을 이용해야 돼?

Depending on[4] where you work,
taking public transportation might be more convenient.
네가 어느 곳에서 일하냐에 따라, 대중교통 타는 게 더 편리할 수도 있어.

I see. Anyway, speaking of[4] which, have you compared
the costs of using public transportation to buying a car?
그렇구나. 그건 그렇고, 말이 나와서 말인데,
대중교통을 이용하는 데 드는 비용과 차를 사는 데 드는 비용을 비교해 봤니?

Sure, I have. Generally speaking[3], depending on[4]
how much you use the car, buying one might be
cheaper in the long run.
응, 해봤어. 일반적으로 말하자면, 네가 차를 얼마나 사용하느냐에 따라,
장기적으로 차를 구입하는 게 더 저렴할 수도 있어.

That makes sense. And compared to[5] the uncertainty of
public transportation, having a car could be less stressful.
일리 있는 말이야. 그리고 대중교통의 불확실성과 비교해 볼 때,
차 있는 게 스트레스를 덜 받을 수 있거든.

Right. So, before you decide, take all the time you need.
맞아. 그러니, 결정하기 전에, 시간을 두고 천천히 생각해 봐.

(English Grammar)

[1] 분사 구문을 부정문으로 만들 때는 부사 not을 분사(-ing, p.p.) 앞에 쓰면 됩니다.
[2] 주절의 주어와 종속절에 주어가 같을 때는 종속절의 접속사와 주어를 생략하고 분사 구문으로 만들어요.
[3] 영어로 generally speaking은 '일반적으로 말하면'이고 strictly speaking는 '엄격히 말하자면'의 뜻이에요.
[4] 영어로 speaking of는 '~ 얘기가 나와서 말인데'이고 depending on은 '~에 따라서'입니다.
[5] 일반적으로 given that(~을 고려해 볼 때), compared to(~에 비하면)처럼 과거 분사(p.p.)를 씁니다.

01   어제 외출했을 때, 거리에서 내 이웃 사람을 우연히 만났어.

    (a) Go out yesterday, I bumped into my neighbor on the street.

    (b) Going out yesterday, I bumped into my neighbor on the street.

    (c) Went out yesterday, I bumped into my neighbor on the street.

02   피곤하기 때문에, 휴식 좀 취해야 할 것 같아.

    (a) Tiring, I think I should get some rest.

    (b) Tired, I think I should get some rest.

    (c) Tiredly, I think I should get some rest.

03   두 번째 신호등까지 쭉 간다면, 그것을 오른쪽에서 볼 수 있어요.

    (a) Gone straight to the second traffic light, you can see it on your right.

    (b) Go straight to the second traffic light, you can see it on your right.

    (c) Going straight to the second traffic light, you can see it on your right.

04   그의 전화번호를 모르기 때문에, 지금 그에게 전화할 수 없어.

    (a) Not knowing his number, I can't give him a call right now.

    (b) Not know his number, I can't give him a call right now.

    (c) Not known his number, I can't give him a call right now.

05   일반적으로 말하면, 건강 유지하기 위해 운동하는 것은 중요해요.

    (a) General speaking, it's important to exercise to stay health.

    (b) Generally spoken, it's important to exercise to stay health.

    (c) Generally speaking, it's important to exercise to stay health.

06 엄격히 말하자면, 그녀는 그 인터뷰에서 최선을 다하지 않았다.

(a) Strictly speaking, she didn't do her best in the interview.

(b) Strict speaking, she didn't do her best in the interview.

(c) Strictly speak, she didn't do her best in the interview.

07 여행 얘기가 나와서 말인데, 난 항상 하와이를 방문하고 싶었어.

(a) Speak of traveling, I have always wanted to visit Hawaii.

(b) Speaking of traveling, I have always wanted to visit Hawaii.

(c) Spoken of traveling, I have always wanted to visit Hawaii.

08 상황에 따라, 제 계획을 조정해야 할지도 몰라요.

(a) Depend on the situation, I may need to adjust my plan.

(b) Depending on the situation, I may need to adjust my plan.

(c) Depended on the situation, I may need to adjust my plan.

09 지금 밖에 비가 온다고 하니, 오늘은 집에 머무를 거야.

(a) Gave that it's raining outside now, I'm going to stay home today.

(b) Give that it's raining outside now, I'm going to stay home today.

(c) Given that it's raining outside now, I'm going to stay home today.

10 지난달의 그것들에 비하면, 우리 농산물 판매가 증가했다.

(a) Compare to those of last month, our produce sales have increased.

(b) Compared to those of last month, our produce sales have increased.

(c) Compares to those of last month, our produce sales have increased.

정답   01 (b) 02 (b) 03 (c) 04 (a) 05 (c) 06 (a) 07 (b) 08 (b) 09 (c) 10 (b)

UNIT 20

인생 영문법

[의문사]

(미리 엿보기)

[01-05] 각 단어들을 의미에 맞게 올바르게 나열해 보세요.

01 네 절친이 누구야?

friend / who / best / your / is

_____.

02 내가 어떻게 해야 돼?

do / what / supposed / I / am / to

_____.

03 가장 가까운 지하철역을 어디서 찾을 수 있나요?

nearest / station / where / I / can / subway / the / find

_____.

04 왜 네 미래가 걱정돼?

worried / future / your / why / about / you / are

_____.

05 이 지도상에서 제가 어디에 있는지 말씀해 주시겠어요?

this / tell / could / I / where / you / me / map / on / am

_____.

의문사

의문사에는 who(누가), when(언제), what(무엇을), where(어디서), why(이유) 그리고 how(어떻게)처럼 5W1H로 이루어졌어요. 이 외에도 간접의문문도 자주 사용하는 말입니다.

📖 문법 다지기

▌Who+be동사...?

Who+be동사...?(~은 누구예요?)

- **Who is** it?
  누구세요?
- **Who are** those guys standing over there?
  누구야? / 저 사람들은 / 서 있는 / 저기

▌Who+do 동사...?

Who+do 동사...?(~은 누구예요?, 누구를 ~해요?)

- **Who do** you respect?
  누구를 / 당신은 / 존경하나요?
- **Who did** you hang out with when you were little?
  누구랑 / 넌 / 어울리며 지냈어? / 네가 / 어렸을 때

▌Who+조동사/일반 동사...?

Who+조동사/일반 동사...?(~은 누구예요?, 누가 ~이에요?)

- **Who can** do this?
  누가 / 할 수 있어요? / 이 걸
- **Who wants** to drink coffee?
  누가 / 원해요? / 마시길 / 커피

Who is[1][2] it?
누구세요?

It's me, Sam.
저예요, 쌤.

Hi, Sam! Please come on in and have a seat.
안녕하세요, 쌤! 어서 들어와서 앉으세요.

Thank you. Wow, I like your place. Hey, Jenny,
let me ask you something. Who do[3] you live with now?
Do you live alone or with anyone?
고마워요. 와, 집이 예쁘네요. 이봐요, 제니, 뭣 좀 물어볼게요.
지금 누구랑 살고 계시죠? 혼자 살아요? 아니면 누구와 함께 사시나요?

As a matter of fact, I live alone,
but my parents live a few blocks away from my house.
Anyway, may I get you something to drink?
실은, 혼자 살아요, 하지만 제 부모님께서는 우리 집에서 몇 블록 떨어진 곳에 사시죠.
그건 그렇고, 마실 것 좀 드릴까요?

I want a cup of coffee, please.
커피 한 잔 주세요.

(English Grammar)

[1] 의문사 who 다음에 be동사 am, is, are, was, were등을 넣어 표현할 수 있어요.
[2] 의문사 who를 활용해서 Who is it?하고 말하면 '누구세요?'로, 집을 찾아온 누군가를 맞이할 때 사용하죠.
[3] 의문사 who 다음에 오는 do 동사는 그 다음에 오는 주어에 따라 do 또는 does로 바뀝니다.
[4] 의문사 who 다음에 do 동사가 과거 did이면 주어가 1인칭이든 3인칭이든 상관없어요.
[5] 의문사 who 다음에 일반 동사(동작동사/상태동사)가 오기도 해요.

221

What+be동사...?

What+be동사...?(~이 뭐예요?)

- **What is** this beach called?
  뭐라고 / 이 해변은 / 불려요?
- **What's** the purpose of your visit?
  뭐예요? / 목적이 / 당신 방문의

What+do 동사...?

What+do 동사...?(무엇을 ~해요?)

- **What do** you do for a living?
  무엇을 / 당신은 / 합니까? / 생계로
- **What does** your little brother do in his free time?
  무엇을 / 네 남동생은 / 해? / 그의 자유 시간에

What+조동사...?

What+조동사...?(무엇을 ~해요?)

- **What can** I do for you?
  뭘 / 할 수 있을까요? / 제가 / 당신을 위해
- **What should** I call you?
  뭐라고 / 내가 / 부르면 되죠? / 당신을

Excuse me, do you mind if I ask you something?
저기요, 뭐 좀 물어봐도 될까요?

No, not at all. What would[4] you like to know?
네, 괜찮아요. 뭘 알고 싶으신 거죠?

What do[3] you do for a living?
And what's[2] the purpose of your visit to South Korea?
직업이 뭐예요? 그리고 한국 방문 목적은 뭐예요?

I'm a designer, and I'm here on vacation to experience
the local culture and see the sights.
저는 디자이너이고, 지역 문화를 경험하고 관광지를 구경하기 위해 휴가차 왔어요.

Oh, really? That sounds fascinating.
By the way, what should[5] I call you?
오, 그래요? 흥미롭게 들리네요. 그런데, 당신을 뭐라고 불러야 하죠?

My name is Sunny, but my friends call me Sun.
제 이름은 써니인데요, 하지만 제 친구들이 저를 썬이라 불러요.

(English Grammar)

1 의문사 what으로 정말 다양한 문장을 만들 수가 있어요.

2 상대방에게 방문 목적을 묻고 싶을 때 what을 이용해 What's the purpose of your visit?하고 말하면
돼요.

3 의문사 what 다음에 do 동사를 넣어 What do you do for a living?(직업이 뭐예요?)처럼 표현할 수 있
어요.

4 의문사 what을 활용한 패턴으로 What would you like to...?는 '무엇을 ~하고 싶어요?'의 뜻이에요.

5 처음 만난 사람과 통성명을 해야 할 경우 What should I call you?(뭐라고 불러야 하죠?) 문장이 적절
해요.

▌ Where+be동사...?

Where+be동사...?(~은 어디에 있어요?)

- **Where is** the nearest shopping mall?
  어디에 있어요? / 가장 가까운 / 쇼핑몰이

- **Where were** you yesterday?
  어디에 있었어? / 너 / 어제

▌ Where+do 동사...?

Where+do 동사...?(어디에 ~해요?)

- **Where do** you live?
  어디에 / 넌 / 살아?

- **Where does** he work?
  어디서 / 그는 / 일해요?

▌ Where+조동사...?

Where+조동사...?(어디에 ~해요?)

- **Where can** I find a bus stop?
  어디서 / 내가 / 찾을 수 있어요? / 버스 정류장을

- **Where should** I put this bag?
  어디에 / 내가 / 두어야 해? / 이 가방을

Where can[4][5] I find the nearest gas station?
I'm running out of gas.
가장 가까운 주유소를 어디서 찾을 수 있어? 기름이 다 떨어져 가.

The nearest one is two blocks away from here.
가장 가까운 주유소는 여기서 두 블록 떨어진 곳에 있어.

Good, thanks. Anyway, Brad, where were[2] you yesterday?
I tried to reach you but couldn't.
잘됐군, 고마워. 그나저나, 브래드, 어제 어디 있었던 거야?
너에게 연락하려고 했지만 할 수 없었어.

Oh, I was out of town on a business trip.
I didn't inform you earlier. Sorry.
아, 내가 출장으로 외부에 있었거든. 좀 더 일찍 너에게 말 못해서 미안해.

That's okay. No worries.
So, where do[3] you work now? I heard you got a new job.
괜찮아. 걱정 마. 그래, 지금 어디서 일해? 새 직장을 구했다고 들었어.

I work at a trading company located in the downtown area.
시내에 위치한 무역 회사에서 근무해.

(English Grammar)

1 해외여행을 할 때 길을 자주 묻게 되는데요, 이때 필요한 의문사가 바로 where입니다.
2 의문사 where 다음에 were를 넣어 Where were you yesterday?하고 물으면 '어제 어디 있었어요?'
   예요.
3 상대방이 어디서 사는지, 어디서 일하는지 궁금할 때 Where do you...? 어순을 활용합니다.
4 의문사 where 다음에 조동사가 오는데요, 조동사는 다음에 오는 주어 인칭에 영향을 받지 않아요.
5 만약 Where can I find...?하고 말한다면 그 의미는 '어디서 내가 ~찾을 수 있어요?'입니다.

▎When+be동사...?

When+be동사...?(~은 언제예요?)

- **When is** your summer vacation?
  언제야? / 네 여름휴가는
- **When was** the deadline?
  언제였어요? / 그 마감일은

▎When+do 동사...?

When+do 동사...?(언제 ~해요?)

- **When do** you feel stressed out?
  언제 / 당신은 / 느끼나요? / 스트레스를
- **When did** you start learning English?
  언제 / 넌 / 시작했어? / 배우는 걸 / 영어

▎When+조동사...?

When+조동사...?(언제 ~해요?)

- **When can** I come over to your place?
  언제 / 내가 / 갈 수 있어? / 네 집에
- Until **when should** I wait for your call?
  언제까지 / 제가 / 기다려야 하나요? / 당신 전화를

When do[3] you plan to leave for Seattle?
언제 시애틀로 떠날 계획이죠?

Well, I'm planning to go there on Sunday morning.
글쎄요, 일요일 아침에 그곳에 갈 생각이에요.

Then when can[4] we have dinner together before you leave?
그럼 당신이 떠나기 전에 우리 언제 함께 저녁 식사 할 수 있을까요?

How about this evening?
오늘 저녁이 어때요?

That sounds good. On another note,
when was[1][2] the last time you went to Seattle?
좋아요. 다른 얘기인데요, 마지막으로 시애틀에 간 게 언제였어요?

I was there last year for a business conference.
It was very informative.
작년에 비즈니스 회의 때문에 그곳에 있었어요. 매우 유익했죠.

(English Grammar)

1. 의문사 when 다음에 be동사를 넣어 When was...?처럼 말하면 그 뜻은 '~은 언제였어요?'입니다.
2. 의문사 when 다음에 오는 be동사의 시제는 전체적인 문장의 흐름으로 자연스럽게 결정됩니다.
3. 의문사 when으로 시작하는 문장에서 동사가 일반 동사이면 주어에 따라 do나 does를 사용해야 해요.
4. 의문사 when 다음에 조동사 can을 넣어 When can we...?하고 말하면 '언제 우리가 ~할 수 있어요?' 예요.
5. 의문사 when(언제) 보다는 what time(몇 시)으로 말하면 좀 더 구체적인 시간대를 의미해요.

▌ Why+be동사...?

Why+be동사...?(왜 ~해요?)

- **Why are** you so upset?
  왜 / 당신은 / 그렇게 속상한 거예요?
- **Why were** you late again this morning?
  왜 / 너 / 또 늦었던 거지? / 오늘 아침에

▌ Why+do 동사...?

Why+do 동사...?(왜 ~해요?)

- **Why do** you want to go to Denver?
  왜 / 넌 / 원해? / 가길 / 덴버에
- **Why didn't** you call me last night?
  왜 / 너는 / 전화 안 했어? / 나한테 / 지난밤에

▌ Why+조동사...?

Why+조동사...?(왜 ~해요?)

- **Why should** I invite her to my party?
  왜 / 내가 / 초대해야 해? / 그녀를 / 내 파티에
- **Why can't** you stay a little longer?
  왜 / 당신은 / 머무를 수 없나요? / 좀 더 오래

228

Hey, Peter! What's wrong? What is it?
이봐, 피터! 왜 그래? 무슨 일이야?

I'm so upset.
너무 화가 나.

Why are[1][2] you so upset?
왜 그렇게 화가 난 건데?

Because Mike didn't invite me to his birthday party today.
오늘 마이크가 날 그의 생일 파티에 초대 안 했거든.

Then why didn't[1][5] you ask him the reason for not inviting you?
그러면 왜 널 초대 안 했는지 이유를 그에게 묻지 않았던 거지?

I asked him, and he said he forgot.
걔한테 물어봤더니, 깜빡했데.

(English Grammar)

[1] 어떤 행동 뒤에 숨겨있는 이유가 궁금할 때 의문사 why이 적절합니다.
[2] 의문사 why 다음에 오는 be동사는 주어 인칭에 따라 바뀌며 시제가 과거일 때는 was, were가 필요해요.
[3] 의문사 why를 이용해서 Why don't you...?하면 제안의 뜻으로 '~하는 게 어때요?'입니다.
[4] Why don't you...?는 제안의 뜻 외에도 '왜 당신은 ~ 안 해요?'처럼 이유를 묻는 말이 되기도 합니다.
[5] 의문사 why로 Why didn't you...?처럼 표현하면 '(과거에) 왜 ~ 안 했어요?'의 뜻이에요.

How+be동사...?

How+be동사...?(~은 어때요?, ~은 어떻게 지내요?)

- **How was** your trip to Italy?
  어땠어요? / 당신 여행은 / 이탈리아 행
- **How's** it going?
  어떻게 / 지내요?

How+do 동사...?

How+do 동사...?(어떻게 ~해요?, 얼마나 ~해요?)

- **How did** you learn to cook so well?
  어떻게 / 당신은 / 배웠던 거예요? / 요리하는 걸 / 그렇게 잘
- **How** often **do** you watch movies at home?
  얼마나 자주 / 넌 / 영화를 봐? / 집에서

How+조동사...?

How+조동사...?(어떻게 ~해요?)

- **How can** I renew my passport?
  어떻게 / 내가 / 갱신할 수 있나요? / 내 여권을
- **How should** I address you?
  어떻게 / 제가 / 불러야 되죠? / 당신을

Good to see you, Rose! How's[1] it going?
만나서 반가워, 로즈! 어떻게 지내?

I'm good, thanks. And you?
괜찮아, 고마워. 넌?

Couldn't be better. Anyway, how was[1] your trip to Sydney?
Did you have fun there?
너무 좋아. 그나저나, 시드니 여행은 어땠어? 거기서 재미있게 보냈어?

You bet, I did. I mean, I really had a good time.
Sam, do you like traveling? If so,
how often do[2] you travel overseas in a year?
당연하지. 내 말은, 정말 좋은 시간을 가졌어. 쌤, 여행하는 거 좋아해?
그렇다면, 넌 일 년에 얼마나 자주 해외여행을 가?

Well, it depends on my schedule.
But I try to travel abroad at least once or twice a year.
음, 내 스케줄에 따라 달라. 하지만 적어도 일 년에 한두 번은 해외여행을 하려고 해.

I see. That sounds like a good plan.
그렇구나. 좋은 계획 같아 보여.

(English Grammar)

[1] 의문사 how 다음에 be동사가 오면 '~은 어때요?'나 '~은 어떻게 지내요?'처럼 안부의 뜻이에요.

[2] 의문사 how 다음에 often, frequently(빈번하게), many times를 넣어 빈도를 물어 볼 수 있어요.

[3] 의문사 how의 가장 기본적인 뜻은 '어떻게'로 방법을 나타내는 말이에요.

[4] 의문사 how 다음에 조동사 can을 넣어 How can I...?처럼 말하면 '어떻게 내가 ~할 수 있어요?'입니다.

[5] 처음 만남 사람과 통성명을 나눌 때 How should I address you?하고 말하기도 해요.

▌Which+명사…?

Which+명사…?(어떤 ~을?)

- **Which movie** do you like more, Titanic or Yesman?
  어떤 영화를 / 넌 / 더 좋아해? / 타이타닉 또는 예스맨 중에서
- **Which way** is the restroom?
  어느 쪽 인가요? / 화장실은

▌Whose+명사…?

Whose+명사…?(누구의 ~?)

- **Whose suitcase** is this?
  누구의 여행 가방인가요? / 이건
- **Whose books** are those on the table?
  누구의 책들이야? / 저것들은 / 테이블위에

▌간접의문문

Can(=Could) you tell me 의문사+주어+동사?(~ 말해줄래요?)

- **Can you tell me** when the museum opens?
  말해 줄래요? / 나에게 / 언제 / 그 박물관이 / 여는지
- **Could you tell me** how I can get there?
  말씀해 주시겠어요? / 저에게 / 어떻게 / 제가 / 도착할 수 있는지 / 그곳에

Do you know 의문사+주어+동사?(~ 알아요?)

- **Do you know** what she likes?
  넌 / 아니? / 무엇을 / 그녀가 / 좋아하는지
- **Do you know** why this restaurant is so crowded today?
  알아요? / 당신은 / 왜 / 이 레스토랑이 / 그렇게 붐비는지 / 오늘

232

Excuse me. Do you know²³⁴ where the train station is?
실례합니다. 기차역이 어디에 있는지 알아요?

Of course. I can tell you where it is.
물론이죠. 어디에 있는지 말해줄 수 있어요.

Great. Which way¹ should I go?
잘됐네요. 어느 쪽으로 가야 하죠?

You should go this way.
The train station is within walking distance from here.
이 쪽으로 가야해요. 기차역은 여기서 걸어갈 수 있는 거리에 있어요.

Can you tell me⁴⁵ how I can get there?
거기에 어떻게 갈 수 있는지 알려줄래요?

Sure, you should go straight ahead for two blocks,
then turn right. You can see it on your right.
네, 두 블록 정도 앞으로 쭉 간 다음, 오른쪽으로 도세요.
오른쪽에서 볼 수 있을 거예요.

(English Grammar)

1. 의문사 which가 뒤에 오는 명사를 수식해 주는 형용사 역할을 하기도 해요.
2. 의문사로 시작되는 문장이 동사 tell이나 know의 목적어 역할을 할 때 '의문사+주어+동사' 어순으로 쓰여요.
3. 의문사(where)+주어(the train station)+동사(is)는 타동사 know의 목적어 자리에 왔기에 간접의문이 돼요.
4. 간접의문문 어순은 Do you know(Can(=Could) you tell me)+의문사+주어+동사?입니다.
5. 조동사 can보다는 could로 말하면 좀 더 공손한 의미를 전달하게 됩니다.

(Check-Up)

01 당신은 누구를 존경해요?

    (a) Who are you respect?

    (b) Who do you respect?

    (c) Who can you respect?

02 커피 마실 사람?

    (a) Who wants to drink coffee?

    (b) Whom wants to drink coffee?

    (c) Whose wants to drink coffee?

03 방문 목적이 뭐예요?

    (a) How's the purpose of your visit?

    (b) What's the purpose of your visit?

    (c) Which's the purpose of your visit?

04 뭘 도와드릴까요?

    (a) Whose can I do for you?

    (b) How can I do for you?

    (c) What can I do for you?

05 어디서 버스 정류장을 찾을 수 있어요?

    (a) Where do I find a bus stop?

    (b) Where am I find a bus stop?

    (c) Where can I find a bus stop?

06 언제 스트레스 받아요?

(a) When do you feel stressed out?

(b) When does you feel stressed out?

(c) When is you feel stressed out?

07 왜 그렇게 속상한 거죠?

(a) Why do you so upset?

(b) Why are you upset so?

(c) Why are you so upset?

08 어떻게 지내요?

(a) What's it going?

(b) How's it going?

(c) How does it go?

09 화장실은 어느 쪽이에요?

(a) Which way the restroom is?

(b) Which the way is restroom?

(c) Which way is the restroom?

10 그녀가 뭘 좋아하는지 알아?

(a) Do you know what she likes?

(b) Do you know what likes she?

(c) Do you know what does she like?

정답 01 (b) 02 (a) 03 (b) 04 (c) 05 (c) 06 (a) 07 (c) 08 (b) 09 (c) 10 (a)

(MEMO)

(MEMO)

한 번 들으면 "아하!"하고 바로 이해되는
미국 사람들이 평생 써먹는 표현 101가지

미국 사람들이 평생 써먹는

인생
영어

저자 T. John Kim

PUB 우오

T. John Kim 지음 / 15,800원 / 170*225 / 224쪽

01 저자의 미국 생활 경험이 생생하게 담긴 일화 속에서 학습할 표현을 확인하게 됩니다. 어떠한 상황에서 쓰였는지 글로 한번 이해하고, 어떠한 의미와 뉘앙스로 쓰이는지 그림을 통해서도 쉽게 이해할 수 있어요. 학습한 표현은 다양한 예문을 통해 다시 한번 확인하고, 대화를 통해 활용해 봅니다. 특히, 문장과 대화는 꼭 원어민 음성으로 들어보세요.

02 책으로 학습할 표현을 확인했다면, 이제 실천 페이지를 통해 복습을 해주세요. 4가지 미션을 수행하시면 됩니다. 이 미션을 하나씩 실천하다 보면 어느새 자연스럽게 익숙해져 있는 여러분을 발견할 거예요!

* 실천페이지 www.pub365.co.kr 홈페이지 다운로드

한국 사람들이 평생 써먹는

인생
영문법